U0935828

检察业务管理指导与参考

JIANCHA YEWU GUANLI
ZHIDAO YU CANKAO

最高人民检察院案件管理办公室 / 编

2024年
第3辑
（总第27辑）

中国检察出版社

图书在版编目（CIP）数据

检察业务管理指导与参考. 2024年. 第3辑：总第27辑／最高人民检察院案件管理办公室编. —北京：中国检察出版社，2024.8. —ISBN 978-7-5102-3151-3

Ⅰ. D926.3-55

中国国家版本馆CIP数据核字第20245PY887号

检察业务管理指导与参考（2024年第3辑）

最高人民检察院案件管理办公室　编

责任编辑： 史世琦
技术编辑： 王英英
美术编辑： 徐嘉武

出版发行： 中国检察出版社
社　　址： 北京市石景山区香山南路109号（100144）
网　　址： 中国检察出版社（www.zgjccbs.com）
编辑电话：（010）86423736
发行电话：（010）86423726　86423727　86423728
（010）86423730　86423732
经　　销： 新华书店
印　　刷： 唐山玺诚印务有限公司
开　　本： 710 mm×960 mm　16开
印　　张： 12.75　插页6
字　　数： 159千字
版　　次： 2024年8月第一版　　2024年8月第一次印刷
书　　号： ISBN 978-7-5102-3151-3
定　　价： 40.00元

《检察业务管理指导与参考》
编　委　会

前言

2019年3月，《检察业务管理指导与参考》创刊，如一株破土而出的幼苗，根植于“四大检察”全面协调充分发展的“沃土”，伴随案管工作实践，在全国案管人的重视与呵护下茁壮成长，不断结出引领检察业务管理助推检察业务高质量发展的累累硕果。

《检察业务管理指导与参考》作为检察业务管理理论与实务研究的专门期刊，始终秉持的宗旨是，深化理论研究以指导工作，推介实务经验以供借鉴参考，理论与实务紧密结合，促进全国案件管理工作深入开展，为“四大检察”发展贡献案管力量。

我们致力于把《检察业务管理指导与参考》打造成案件管理理论创新的基地。深入学习贯彻习近平法治思想，革除不合时宜的观念理念，打破体制机制的制度性障碍，聚焦案件管理的基础理论、重大课题和制约案件管理创新发展的“瓶颈”问题，与时俱进创新案件管理理论，引领不断发展的案件管理工作实践。

我们致力于把《检察业务管理指导与参考》打造成实务经验交流的载体。鼓励实务探索，倡导凝练总结，将“三大监督”“四大服务”“管好管理”的生动实践，融入理性思考和理论升华，通过《检察业务管理指导与参考》这个平台晒出来、辩起来、推广开来，促进交流碰撞和思想解放，从而始终保持案件管理机制改革创新的源头活水，助推案件管理工作整体提升。

我们致力于把《检察业务管理指导与参考》打造成开阔案件管

理眼界的窗口。跳出检察业务管理的拘囿，加强中外司法管理的比较研究，汲取其他执法司法机关的业务管理理论成果，借鉴社会治理、现代企业管理的成功实践和创新理论，引导案管人打开眼界，拓宽视野，以“他山之石”，成案件管理之功。

《检察业务管理指导与参考》是案管人自己的刊物，记载着案管人的奋斗与追求、激情和汗水，更将描绘出案件管理工作的希望与梦想、今天与明天。案件管理理论研究，案管人使命在肩，责无旁贷。各地案件管理部门和广大案管人，既要重视、支持和参与撰稿投稿、编审征订工作，也要学好用好这个刊物，为案件管理工作助力、赋能。

理论启智心灵，实践创造非凡。让我们一起为案件管理工作铺一条光明的路，开满希望的花，结出丰硕的果。

目　录

领导论坛

理论前沿

监管实务

基层探索 · 广西

领导论坛

LINGDAO LUNTAN

以改革的思维　创新的办法
在规范发展中实现新时代案件管理工作新跨越

——中国军主任在全国案管负责人座谈会上的讲话（摘编）

（2024 年 5 月 28 日）

目　次

（一）依据党组要求去创新

（二）依据案管职责去创新

（三）依据工作目标去创新

（四）依据问题解决去创新

这次会议的主要任务是深入贯彻《最高人民检察院关于加快推进新时代检察业务管理现代化的意见》（以下简称《意见》）和《检察机关案件管理部门贯彻落实〈最高人民检察院关于加快推进新时代检察业务管理现代化的意见〉的实施意见》（以下简称《实施意见》），抓住新一轮司法改革、检察改革的大势，认真梳理、总结、分析当前案件管理工作面临的新形势新任务，明确当前和今后一个时期案件管理工作改革创新和规范发展的总基调，进一步深化理论创新、内容创新、机制创新、制度创新和方法创新，实现案件管理工作新征程上的再出发、新时代的新跨越。

一、切实提高认识，把创新发展作为案件管理工作迈向现代化的必由之路

2024年3月27日，习近平总书记在会见美国工商界和战略学术界代表时指出，中国的改革不会停顿，开放不会止步，我们正在谋划和实施一系列全面深化改革的重大举措。2024年7月，党的二十届三中全会将重点研究进一步全面深化改革、推进中国式现代化问题。应勇检察长在全国检察长会议上的讲话中，专门阐述以改革的思维、创新的办法加快推进检察工作现代化。也就是说，中国新一轮改革大潮涌起，司法改革、检察改革也将进一步深化。对于我们案件管理部门而言，一定要跟上时代的发展，争做时代的弄潮儿。案件管理工作本身就是改革的产物。十几年来，案管部门从无到有，从弱到强，从个案监督到宏观管理，再到高质效管好每一个

案件，可以说，案件管理工作的成长发展之路，就是改革发展之路，就是创新发展之路。展望新时代，案管部门又一次历史性地站在了创新发展的紧要关口，很有必要统一持续推进创新发展的思想认识。

（一）案件管理面临难得发展机遇，为创新发展提供广阔的空间

检察工作欣逢最好的发展时期，案件管理工作也欣逢最好的发展时期之一。2023 年和 2024 年最高检检委会的第一个议题讨论的都是案件管理工作；在全国检察长会议上，应勇检察长专门用两页半的篇幅讲检察业务管理；在 2023 年 3 月的全国“两会”工作报告上，应勇检察长专门讲了检察业务管理；在贯彻全国“两会”精神的电视电话会议上，应勇检察长又专门讲了检察业务管理。由此可见，最高检新一届党组和应勇检察长对案件管理工作尤其重视，这就是我们难得的发展机遇。2024 年初，最高检印发《意见》，特意安排在 2024 年开年第一次检委会审议。《意见》中有许多新提法、新举措，是案管工作的小“宪法”，需要案管部门牵头抓总，构建“大管理”格局。为贯彻落实《意见》，2024 年 5 月最高检案管办印发《实施意见》，第一次以正式文件的形式，对案件管理的工作思路、职能定位、工作理念、职责任务等进行明确，提出了案件管理工作的总体要求以及一个枢纽、两个主责主业、三个理念、四化建设、五个体系、六个能力的总体工作思路。《意见》和《实施意见》集中体现了最高检新一届党组对案件管理工作的新理念、新要求，是我们今后一个时期抓工作、谋发展的基本遵循。推动这些新理念、新要求落实落地，就不能按部就班，不能用老办法老经验，必须以创新的方法推动落实创新的要求，跟上时代的步伐，不辜负最高检党组对我们的期许。这体现的是创新发展的目标导向。

（二）案管自身长期存在的困难问题，唯有通过创新发展来解决

要清醒地认识到，当前管理跟不上办理、管理不适应办理的问题还不同程度地存在，有的还非常突出。案管部门普遍存在人员少、任务重、要求高、时间紧的问题，案管职责履行不全面、不充分的问题在基层院也普遍存在，一些基层院的案管部门被边缘化，“同级监督难”、“本院监督难”、流程监控形式化、分析研判走过场、业务指标运用机械化，以及队伍素质不高、能力不强、骨干流失等问题普遍存在。有的是顽疾痼症，有的是新情况新问题，不管是老问题还是新情况，都要解决。解决这些问题要靠创新、靠改革，用改革创新来解决当前的问题。这是一个黄金的发展窗口期，抓住了，我们就能往上再迈一大步；抓不住，我们就只能在原地徘徊，甚至不进反退。

惟创新者进，惟创新者强，惟创新者胜。全国的案管同仁都要充分认识到改革创新、规范发展是新时代的主旋律、工作的总基调，是案管工作向上发展的第一动力，是适应当前形势和任务的必然要求。

二、明确重点任务，在新起点上跑出案管工作创新发展的加速度

以《意见》的出台为标志，案件管理工作已经迈进了“大管理”的时代。作为枢纽，如何找准定位、发挥作用？这是新形势、新任务、新要求，也是全新的课题，更是工作的新起点。我们要在检察业务“大管理”的格局中发挥枢纽作用，就要创新理论、工作内容、工作机制、工作制度和工作方法，打破一切不适应的体制、机制、制度障碍，实现案管工作的创新发展。

（一）抓理论创新

案件管理工作不仅要往前走，更要往上走。理论创新是案管工作创新发展的牵引。没有理论的指导，实践就只能在低水平徘徊。

一是构建理论研究组织体系。理论研究不能零敲碎打，要从基础平台、工作机制、理论研究队伍等方面形成体系。依托中国法学会检察学研究会案件管理专业委员会、检察案件管理研究基地两个平台，健全完善工作激励、人才培养、成果刊发、合作共建等工作机制；建立以专业委员会理事为引领、以案件管理条线人员为主体、以青年法学专家学者为助力的理论研究队伍，推动形成领导带头、全员参与、内外结合的理论研究工作格局，逐步构建案件管理理论研究体系。关于检察案件管理研究基地，一方面，最高检案管办联合中国人民大学法学院专家学者共同开展理论研究；另一方面，设有以省级院案管主任为主体的实务专家研究员①，做实务研究工作，带头发表高质量的理论文章，给硕士生授课，每年到全国组团授课，等等，通过实务专家研究员推动检察案管进校园，使更多青年学生、法学专家了解检察、熟悉案管、研究案管。关于建立联系青年法学专家学者工作机制，最高检案管办专门下发了相关提示，要求各省级院确定 3 名人选和研究方向。各地在落实过程中，一定要坚持结果导向，发动专家学者深入了解、研究案管工作，取得实实在在的理论成果，助推案管工作实现创新突破。

二是明确理论研究的重点和方式。案件管理理论研究的重点是案件管理的基础性、前瞻性、重点性课题和问题。最高检案管办与中国检察出版社、检察案件管理研究基地、《人民检察》杂志社等

---

① 2024 年增聘了 7 名省级案管主任，目前总数达到了 9 人，最高检案管办和中国人民大学法学院联合颁发聘书。

单位联合开展课题研究和主题征文，着力在案件管理工作理念、工作机制和重点难点问题上开展理论研究。最高检案管办要把承担课题作为凸显本地研究能力、解决实际问题的重要举措。各省级院案管部门也要自主确定若干个课题，组织人力予以完成，形成具有区域特点的课题成果。要把出版专著作为提高个人研究能力、发现专家型人才的重要途径。最高检案管办、省级院案管部门要与出版社进行沟通联系，鼓励有理论研究特长的人才撰写专著，打造理论研究精品。

三是形成理论研究成果体系。2024 年的主要任务是强基固本、创新规范。强基固本，理论就是根本。编写教材是案管理论体系的重要组成部分，包括综合管理、质量管理、流程管理、数据管理、外部监督、规范性文件汇编等。对各项案管工作也要做到体系性研究、深层次研究。通过这些研究，推动形成教材、专著、论文、课题、连续出版物并行的理论研究成果矩阵，构建有中国特色的检察案件管理理论研究体系。

（二）抓工作内容创新

工作内容创新是案管创新发展的根本。内容方面的创新，就是职责履行不留空白。案管部门有些职责履行得不到位、不充分，说明工作内容有空白，但也有潜力。内容创新不是漫无目的、毫无原则，而是要立足本职去延展工作、拓展空间，在工作内容上加大创新试点的力度。包括但不限于以下 6 个方面的内容：

一是推进律师异地阅卷试点。这不是新增的职责，而是为了满足多元化律师阅卷需要。从 2022 年开始，最高检在吉林、江苏、山东、湖北、四川 5 个省开展异地阅卷试点。目标是构建起现场阅卷、异地阅卷、互联网阅卷多元化的阅卷体系，更充分保障律师阅卷权。这项工作很重要，是坚持以人民为中心、接受人民监督的重要方式，要逐步扩大试点范围。

二是推进流程监控实质化试点。流程监控是各级院案管部门的日常性工作，但是有些院没有形成常态化机制，到季末要考核了集中开展一次；有些院制发流程监控通知书不规范；有些院流程监控浅层次、形式化的问题非常突出。开展流程监控实质化试点，要解决的就是流程监控的形式化、浅表化、突击化问题。2023 年，刑事、民事、行政、公益诉讼案件办理流程的监控要点全部出台。2024 年，最高检案管办请北京、上海、江苏、浙江、山东、四川各选一至两个市县院，开展流程监控实质化试点，把监控点部署在办案系统中，实现系统对办案程序问题的自动发现、推送、反馈，强化每一个案件从受理到办结的全部办案流程的监督管理，切实提高案件管理的质效。下一步，最高检案管办将根据试点情况和流程监控系统研发情况，推广这个试点经验。

三是推进案件质量评查全覆盖试点，即“每案必评”试点。当前，基本实现了重点案件评查的全覆盖，但是每一个案件都进行评查还不具备条件。然而，条件不具备不等于不应该评查。既然是应该做，但现在不能，那就大力推进试点，找到好的方法、好的路径。从 2023 年开始，河北、浙江、湖北、湖南、重庆、贵州的一些基层院已经开展了这项试点。各试点单位就是要大胆地尝试，可以通过机器评查那些处刑罚 3 年以下、公检法意见一致、没有上诉的案件等。“每案必评”是案件质量评查的终极目标，短时期可能实现不了，但鼓励有条件的院可以进行探索，不断总结积累经验，为将来实现“每案必评”贡献各地的智慧和力量。

四是推进人民监督员工作信息双向反馈机制试点。人民监督员工作是全过程人民民主的检察实践，这项工作怎么强调都不为过。信息双向反馈的试点目的是让人民监督员真正发挥作用，并以此为契机推动人民监督员工作立法。为深入落实《最高人民检察院、司法部工作交流会商会第一次会议会议纪要》有关要求，最高检案管办已在江苏和重庆开展人民检察院与司法行政机关双向反馈人民监督员工作信息机制试点工作，探索工作信息及时互通与共享，逐步实现监督办案活动的发起、抽选、确认、反馈等环节在线上流转，更好保障人民监督员的知情权，促进人民监督员工作规范化、信息化发展。

五是积极推进检察机关终结性决定案件听证试点。最高检一直强调，在检察机关做出终结性决定前要引入外部监督，要给检察权的运行“加把锁”。现在最重要的工作是对不起诉要积极开展听证，加强外部监督制约，在这方面要与业务部门一起加快推进，推动听证制度不断发展、完善。

六是推进检察业务数据专题分析。案管部门对综合分析应该说是驾轻就熟了，最高检和省级院每季度开展一次，对服务党组、检察长决策发挥了重要的作用。这项工作发展到今天，要实现转型，从重视综合分析研判报告转向综合分析和专题分析并重，逐步转向更重视专题分析。比如，2023 年最高检案管办开展了 13 项长跨度宽领域专题分析，其中 2 份专题分析报中央政法委，2 份作领导参阅件。专题分析对有些专项工作、某类案件的指导更有针对性。未来，案管部门要建立综合分析与专项分析并重的分析研判格局，以更广阔的视角、更深入的分析，服务好领导科学决策，这也将成为案管部门的“新质生产力”。这项工作不限于技术，不限于人力，每个院都可以做，所以各地要积极推动这项工作。

（三）抓工作机制创新

工作机制创新是案管创新发展的支撑。机制，是一个社会或者组织内部运行的规律性体现。现代化的社会或组织，都有着一整套完善的机制，支撑着自身高效运转。四级案管部门是上下一体、左右关联的一个有机整体，需要不断完善工作机制，在发挥整体效能上持续用力。

1. 建立完善案件管理履职“一体化”机制。案件管理的一体化工作机制是案管工作的骨架，没有这个骨架，全国案管、各省案管就是一盘散沙。案管部门上下左右要一体，实现“纵向指导有力，横向协作紧密”，上对下要有指导、评价，横向之间要有协作、配合。“一体化”表现在三个层面：一是案管业务自身的一体化。建立分析研判、案件流程监控、质量评查和业务数据监管有机结合的常态化工作模式，形成各监督管理环节有序衔接、互为补充的监督管理格局。二是上、下级之间纵向的一体化。纵向指导有力就是最高检案管办对全国案管工作的指导要有力，上级院对下级院的指导要有力，激励机制和约束机制是纵向指导有力的实践方法。地市级以上案管部门加强对下工作统筹指导，及时通报案件质量主要评价指标运行异常情况、业务不规范问题，必要时联合办案部门共同开展对下调度。上级院注重对案管人员的统筹培养、分类培训、一体使用，在集中开展业务数据分析、案件质量评查等重要监管活动时，可以调集下级院案管人员共同参与，上下联动，提升监管水平。三是各地案管部门的横向一体化。也就是要加强各地案件管理部门的横向配合和联系。有三个方面的重要载体：其一是案件管理工作电子文库，推进资源共享，实现信息互通，鼓励大家互相“抄作业”；其二是结对帮扶，现在已经有东中部地区的先进院与西藏、新疆、云南的47个市县院结对挂钩，加强对西部地区案件管理工作的支持；其三是军地共建，相关院与五大战区院结对挂钩。推动横向一体化，就是要加强横向交流，推动全国案管工作全面建、整体上。

2. 构建四级院案管部门职能各有侧重的工作机制。这个机制就是要解决职能上下一般粗的问题。案件管理职责很多，从最高检案管办到基层院案管部门，大家都做相同的工作，平均用力，那么每项工作也做不彻底。解决上下一般粗、平均用力、做不好的问题，就要靠抓工作主要矛盾和矛盾主要方面，有所为、有所不为，有所多为、有所少为。那么，各级院的案管职能就要各有侧重。最高检案管办发挥龙头作用，统筹全国案件管理工作的顶层设计，重点抓好“管好管理”的考核评价、检察业务数据的态势分析、质量的宏观管理、“智慧案管”建设以及理论研究。省级院案管部门发挥承上启下的主导作用，统筹制定工作计划、具体措施，抓好本地区各项工作的指导和落实，重点抓好检察业务数据分析研判、案件质量宏观管理和案件质量评查工作，加强对下指导。地市级院案管部门发挥主体作用，重点抓好业务数据分析研判会商、本辖区案件质量评查工作，加强对基层院案件管理工作的指导。基层院案管部门发挥基础作用，重点做好案件受理审查、流程监控、数据质量监管三项经常性具体工作，服务律师阅卷，加强涉案财物监管。四级院各有侧重，实际就是要相互借力工作，这样四级院案管部门的作用就能全面发挥。当前案管部门存在一个突出问题，即基层院案件管理工作不到位，有的院连正式人员都没有，很多院只有 1 名正式人员。当前，基层院往往是案件管理、理论研究、办公室、控申几个部门合为一个部门，能有 1 个人从事案管工作就不错了。面对这种现状，不能只给专门负责案管工作的同志安排工作，还要通过压担子、交任务、多检查、多激励，发动所有同志都愿意从事案管工作。

3. 完善案件管理考核评价机制。“管好管理”，就是管好我们自己，特别是纵向上要对下有强有力的管理。最高检案管办设立了 6 项评价指标，2024 年修订为 8 项。在这 8 项指标中，明确有 6 项是激励性指标，就是指标越高越好。比如，重点案件评查覆盖率要求全覆盖，就应该是 100%；在最高检案管办的刊物上发表的稿件就是越多越好，通过对下的考核促进工作。8 项指标中有 2 项指标已经改为了中性指标：书面流程监控通知书发送率、瑕疵案件率和不合格案件率，中性指标不作为考核。

这里要特别强调案管部门自身的“反管理”问题。2023 年以来，最高检案管办派出多个检查组赴各地开展检查，发现不少问题，特别是案管部门作为管理者竟成为“反管理”的实施者。在重点案件质量评查方面：一是存在虚报造假情形。2023 年第三季度、2024 年第一季度，关于重点案件评查覆盖率指标，各地报送数据均为 100%，但从核查情况看，有的虚报数据，将未评查的案件直接报送为已评查案件；有的以往期已评查案件代替 2023 年度应当评查的案件。二是存在疑似虚假评查或者走形式的情形。表现为未见集中评查报告，在个案评查报告中，有的仅有“合格”二字或者“经评查人员讨论，同意评为合格案件”一句话，评查的真实性存疑。2024 年第一季度，最高检案管办对各地重点案件评查情况进行了逐案核实，仍然有 8 个省院虚报数据，最高检案管办及时对比进行了核定纠正。在制发书面流程监控通知书方面，凑数监督情形比较普遍，大多针对案卡错漏填问题发出书面流程监控通知书，还有的对判决裁定审查表制作超期或未及时入卷等情形制发书面流程监控通知书。在律师互联网阅卷方面，有的案管部门审核通过后，没有跟踪业务部门是否推送卷宗、没有及时告知律师案件已退回公安机关、没有及时告知律师电子卷宗太大无法通过互联网推送等；有的互联网阅卷没有经过案件承办人审核同意；还有个别地方的律师互联网阅卷申请“未通过率”较高。

4. 完善跨地域工作支持机制。实现案管工作的全面协调均衡发展，做到全国“一盘棋”，就是要加强对口援助和军地共建。目前，已经对新疆的 26 个基层院，西藏的 15 个基层院，兵团的 4 个基层院，以及最高检云南扶贫点的 2 个基层院开展了结对帮扶，并与五大战区的 5 个军事检察院进行了军地互建。这是最高检案管办经过慎重考虑作出的决定，就是要想方设法实现全国案管工作的全面协调均衡发展。

（四）抓制度创新

工作制度创新是案管创新发展的保障。有理念有理论，有内容有机制，但是能不能真正落实，要靠制度，有制度才有可操作性。制度是经验的总结和固化，是开展工作的行为准则和规范。抓制度创新，就是把工作中探索形成的一些行之有效的经验做法固化下来，形成一系列工作制度，并在新的实践中加以坚持和完善。案管部门自成立以来，最高检层面已经印发出台了 47 项规章制度，这是 10 多年经验总结和积累的成果，各级院案管部门都要严格落实这些规章制度，作为开展工作的基本原则、方法和依据。

1. 加强操作指引层面的制度。当前制度建设中存在的一个主要问题是宏观的制度多，而中观和微观的操作指引少。让规章制度落地需要在宏观的制度框架下，加强中观和微观的操作指引的研究制定。比如，质量评查的规定是宏观的，质量评查的指引是中观的，下一步就要研究微观的某类案件怎么评查？又如盗窃罪、危险驾驶罪，评查时有哪些注意事项？再如，申诉上访案件、抗诉案件评查什么，应当把握什么标准？等等。要研究制定具体案件的评查指引，以及评定案件质量等次的具体标准，指导省市院做好本地评查工作的统筹协调，使评查工作规范有序开展。比如，关于案件受理工作，在前期起草的《检察机关案件受理 100 问》的基础上，要出台统一的案件受理标准指引；流程监控通知书的发送、分析研判会商报告的起草、法律文书公开的操作细节等，都要作进一步规范。

2. 落实数据检查制度。数据监管是案管部门“三大监管”职责之一。最高检领导强调：“把数据搞准是案管部门的第一要务。”业务数据是业务工作的反映，是业务管理的基础。因此，必须做好数据检查工作。

一是建立常态化开展业务数据日常审核、检查督查制度。针对数据造假、注水问题，最高检案管办研发了一键核查数据质量的系统，每季度组织数据质量抽查并进行通报分析。各地要建立县级人民检察院单月自查，省、市级人民检察院双月检查的常态化工作机制，及时对本单位、本地区检察业务数据质量情况进行通报。要建立与监察机关、侦查机关、审判机关、刑罚执行机关的数据共享制度，利用外部数据开展反向检查。

二是开展案件质量主要评价指标数据质量专项核查。最高检党组反复强调要转变观念，树立正确的政绩观，科学运用评价指标。应勇检察长指出，没指标不行，唯指标也不行，虚假指标更不行。2023 年大检察官研讨班强调，司法办案要坚持严格依法、实事求是，不能有“数据冲动”，不要让检察官为数据所困、为考核所累。为落实应勇检察长指示要求，及时了解指标运行情况和指标数据质量情况，2023 年底最高检案管办组织人员赴天津、河北、山西、上海、江苏、安徽、江西、广东、广西、海南、重庆、四川、云南、甘肃 14 个省开展了专项核查。检查发现，部分省院不正确的政绩观，导致指标运行中存在数据“注水”甚至虚假数据等突出问题，对此最高检案管办专门下发了通报，要求各地整改。2024 年 5 月，最高检案管办对辽宁、内蒙古、江西、海南、上海、北京、重庆、河北 8 个省进行了核查，这次核查不仅发现各地依然存在数据“注水”、数据“美容”等问题，还发现有的地方院案管部门帮助业务部门数据造假。目前，最高检案管办正在梳理汇总核查发现的问题并下发通报。《实施意见》中规定：加强对指标运行的管理，对指标数据畸高、畸低的地区进行检查抽查，注重防范和解决故意规避，甚至弄虚作假等“反管理”行为。所以，从 2024 年开始，最高检案管办将每季度进行一次全面核查，特别是突出对指标数据变化异常、全国排名前三位的地区，开展常态化核查、通报，对数据“有水分”“做假账”问题严重的，及时移送检务督察部门。另外，对全国排名后三位的地区，也要加强督导检查，防止消极“躺平”。

三是对案件管理评价指标进行定期检查。目前，各地在管好管理过程中存在数据虚报瞒报现象。针对这个问题，最高检案管办正在研发“管好管理指标的一键呈现”系统功能，实现对所有指标数据的可追溯、可反查。同时，最高检案管办每季度都会对各地指标运行情况进行调研检查，尤其对指标畸高、畸低等异常数据开展实地逐案检查督导，防止出现数据造假以及“反管理”等问题，对虚报瞒报进行通报批评。省级院案管部门也要定期进行检查，特别是在最高检案管办通报后要跟进整改。

3. 完善人才队伍培养制度。要提高案管队伍的能力水平，建一支政治上过硬、业务上过硬、纪律作风上也要过硬的队伍。

一是建立实战演练制度。为了发挥激励作用，最高检案管办每年都会利用业务培训之机，组织实战演练活动，评选标兵型和能手型人才，一年变更一个专题，目的就是让选手们在逼真的实战环境中相互切磋，通过实训找差距，从而更好地理解和消化所学内容。这样通过几年时间，把案管人员需要具备的六大基本能力全部实战一遍，切实达到锻炼队伍、提升能力的目的。各级案管部门也要加强日常实战演练，不能等到组织竞赛才临时抱佛脚。比如，在省市一级组织的案管培训中专门设计演练环节，真正“摔打”“磨炼”培训对象。实践证明，这种“赛训结合、以赛促训”的模式，是发现和储备人才的正确方式，是坚持“问题导向”培养人才的有效途径。

二是用好各级各类人才库。最高检案管办已经建立了全国案件管理人才库，涉及理论研究、案件质量评查、数据分析研判、业务信息化和综合师资 5 类，共计 80 人。在组织精品课程评选中，开展重点案件评查、数据质量核查，研发智慧案管软件等重点工作时，都要优先调用人才库的人员，目的就是要在重大活动和任务中历练和培养人才。各省、市案管部门也要建立相应的人才库，及时选拔人才、主动培养人才，逐步形成案管人才梯队。建是第一步，用才是根本。要发现人才，更要人尽其才、培养好人才，同时还要给这些人才提供保障。

三是发挥标兵能手的示范引领作用。业务标兵、业务能手是从真实战中评选出来的，综合能力都很突出。各级院一定要培养好、利用好，为他们发挥作用提供空间。比如，安排他们在全国案管条线或各地案管业务培训中担任讲师、参与质量评查、参与编写案管教材、抽调参与最高检业务数据分析研判、深入开展理论研究等。通过标兵、能手作用的有效发挥，引领和带动整个案管队伍提高素质、增长本领、提高专业化建设。

4. 建立工作督办制度。一分部署，九分落实。抓落实也是抓创新。抓工作不能满足于安排布置了、会议开了、要求提了，而要盯到末端抓落实，做到不解决问题不撒手，达不到目的不罢休。如果工作安排部署下去，没检查、没督导，不了解各地落实情况，那工作就有可能空转。近年来，最高检案管办在抓落实上探索形成了以下一些实用管用的制度规定。

一是建立工作台账制度。每年年初，最高检案管办都会建立工作台账，其实就是工作清单。把计划要点需要完成的任务，分类分解成若干项具体工作，列明责任处室、责任人和完成时限，之后进行集体研究确定。比如，针对2024年的案件管理计划要点，最高检案管办列出了29类104项工作，并且两次召开办务会进行研究完善。要点之外，最高检案管办针对最高检重点工作分工、检察改革相关任务、最高检与其他部委会商会议纪要等，单独再列出需要案管办落实的任务清单，并根据上级新增的任务要求随时增加。此外，最高检案管办详细记录院领导对案管工作所做的批示指示和工作要求，区分办件和阅件两类落实要求。这样，最高检案管办手里就有三本工作台账：一本是院领导要求做的，一本是上级重点推进的，还有一本是自己筹划安排的，落实起来一目了然。各省院也要这样，最高检案管办部署的工作，省院、省院党组、分管领导的部署工作等都要知道。

二是跟进督导落实制度。建立台账之后就要抓督导抓落实。最高检案管办通过定期提醒、每月例会、季度考核等方式，跟进做好相关工作。首先是综合处建立重点工作进度表，由内勤随时提醒和了解各处需要完成的工作任务进展，每周向办领导汇报一次进展情况。其次是每月召开重点工作述职例会，处长汇报上述三本台账的任务推进和完成情况，办领导进行讲评，并结合工作台账研究部署下月重点工作安排。会后，形成重点工作述职例会纪要，办领导签发后下发各处抓好落实。最后是每季度组织平时考核时，最高检案管办规定要对重点工作完成情况进行考核，对未能完成的处室和个人进行扣分处理。

三是主动向上汇报。不仅要做工作，还要学会总结报告，学会宣传自己。对于计划要点台账，每年年底向院领导报告落实和完成情况；对于院领导的指示批示和工作要求，每半年向院领导报告一次推进落实情况；对于最高检安排的其他重点任务，因为办公厅已列入督办事项，只按要求报告进展情况。对于一些院领导关注的重要工作，一般会结合任务完成情况写出专报，以便领导随时掌握案管办的落实情况。

对于省级院来讲，面对最高检案管办的工作安排、本级院领导的工作要求、下级院反映的矛盾问题，如何摆布工作、按时推进，这也体现了案管办主任的能力和水平，建立台账和督办制度非常必要。

5. 建立岗位职责档案制度。建立档案的过程就是书写历史的过程，把案管部门成立以来所做的各项工作，通过大事记、文件汇编、影像资料等形式呈现出来。

一是建立职责档案。职责档案重在把岗位职责梳理清楚，把相关制度要求整理成册，把工作开展的流程直观呈现出来，此外还要把容易出现纰漏的地方和注意事项做出提示。这样，新上岗的同志一看档案，就清楚该干些什么、怎么去干，节省了人才培养的时间成本。不要搞“师傅带徒弟”“大师兄带小师弟”的模式，一旦某个人调离岗位，会导致工作暂时无法开展。

二是建立文件档案。把案管部门成立以来的工作文件分门别类地整理好，有领导讲话类、制度规章类、职责要求类、活动组织类等。这样，当我们需要什么材料的时候，随时可以调用，而不需要从零开始做起。最高检案管办到各地调研，有时会看到文件汇编材料，从最高检的规章制度要求，到省市院自己的实施细则，汇编在一起一目了然，方便随时查阅，这种做法就很好，非常值得肯定。这里想强调的是，现在办公基本上都是无纸化，但档案一定要打印出来，装订成册，就像业务部门保存诉讼档案一样。否则，电子档案会因为电脑系统崩盘、文件意外损坏等问题而受到毁灭性破坏，使辛辛苦苦建立起来的档案付之一炬。

三是形成影像档案。照片和视频资料最为直观，也是最为珍贵的资料。虽然现在可用的电子设备很多，手机就能拍照、录像，但安排专人静下心来整理的却不多，导致资料随人走，看似都在留存资料，实际什么都没留下。所以，一定要安排专人专管，专门想着收集、整理影像资料，而且一定要刻盘备份，不只是在硬盘中保存。

各级案管部门都要建立档案收集整理制度，把各级案管部门成立以来的历史档案整理好。历史在我们手中创造，理应由我们自己进行整理，而不是靠后人回忆。自古以来，修史立典都是一件功在当代、利在千秋的事情，我们有责任，也有荣誉把这件事情做好，不只是为了后人，也是为了我们自己。

（五）抓工作方法创新

工作方法创新是案管创新发展的关键。方向确立以后，方法是决定性的。干好案管工作，重点应该把握好以下几种工作方法。

1. 信息化、数字化和智能化管理方法，是适应新时代新要求的工作方法。新时代，必须通过案件管理的信息化、数字化、智能化，改变原来手工的、落后的、低效的工作方式，这是我们跟上时代发展的唯一出路。经过一年的努力，案管办终于建成了自己的案件管理系统，这在案件管理发展史上是一件大事，是提升案件管理水平的一次“大跃进”。截至目前，“十个一键”基本完成了全部功能的研发（办案态势一键呈现、评价指标一键监测、分析报告一键生成、数据质量一键核查、电子文库一键检索、法律文书一键公开、律师身份一键核验、管好管理一键关联、流程监控一键推送、质量评查一键办理）。当前，案件管理系统已经成为检察机关信息化建设的一张亮丽名片，不仅院领导到案管大厅进行了观摩，各厅局的领导也上门参观学习。2024 年 5 月 13 日，最高检案管办还为约旦司法代表团进行了汇报演示。所以，当今时代，解决困难问题，特别是常态化的困难问题，首先想到的就是利用信息化、数字化、智能化的工作方法，这要成为我们的工作理念和工作模式。

2. 抓点带面、抓两头带中间，是传统的行之有效的管理工作方法。抓点带面就是抓工作重点以带动工作全局。抓重点就是抓目标。选择比努力重要，选择错了，越使劲越跑偏。善于选择，就要首先清楚工作的轻重缓急，哪些多干、哪些少干，哪些先干、哪些后干，要把这个选择题做好，不能眉毛胡子一把抓。所以，干工作首先要分析形势和任务，抓住重点工作。重点工作是最高检党组的关注点。最高检案管办发的一些文件、开的一些会议和一些培训的关注点，实际上就是贯彻落实党组和院领导的指示批示要求。比如，应勇检察长在2024年的全国检察长会议上，用大篇幅强调了加强检察业务管理需要正确处理好的三种关系。毋庸置疑，贯彻落实好《意见》是2024年的头等大事、要事。落实最快的省份是江苏，2024年3月15日，《江苏省人民检察院关于加快推进新时代检察业务管理现代化的实施意见（试行）》出台，还附带了指引图。其次是江西，2024年3月20日，《江西省人民检察院贯彻落实〈最高人民检察院关于加快推进新时代检察业务管理现代化的意见〉实施方案》出台。之后是吉林，2024年4月2日，《吉林省检察院落实〈关于加快推进新时代检察业务管理现代化的意见〉实施措施》出台。后来，最高检案管办专门下发提示，要求各省级院2024年4月底前上报落实情况，但截至2024年5月底，只有10个省级院制定了本地化实施意见或方案，大多数院还没有印发正式文件，有的还没有上会研究，有的正在修改完善，但有的则是刚动手起草。这就体现出了抓重点工作的差距。

对于省院案管部门来讲，一定要学会以重点带全局，通过抓好抓实某个或某些重点工作，实现全省案管工作的整体跃升。一是抓院党组、地方党委的关注点。院党组、地方党委的关注点要放在第一位，这就是我们的工作重点。江苏省在贯彻落实《意见》方面走在了各省的前面，第一个向最高检领导报告。市级院里，无锡市落实最快，2024年4月1日印发《无锡市检察机关加强推进新时代检察业务管理现代化责任清单（试行）》。这就是抓重点，通过这些重点工作，能够带动全省、全市的案管工作实现大发展、大提升。二是抓工作中的困难点。工作中出现哪些问题、哪些困难，我们不能绕过去，有困难自然就要去解决它，不能绕着问题走，只干显绩、不干隐绩。而是要把案管工作的基础打扎实，推动工作向前发展，行稳致远。三是抓工作发展的规律点。一项事业要长久持续健康发展，它是有规律可循的，要抓这些规律点。比如理论研究、技术支撑，不干也是可以的，但它是我们长远发展的基础和根本。对于这些工作，那些喜欢搞短平快的人不屑干，也不愿干，但是为了长远发展，必须下苦功夫做好这些基础性、根本性工作，这就是对工作规律的把握。

抓两头带中间，就是既抓先进，也抓落后，从而影响和带动中间的大多数。抓先进，就是让有能力的案管部门和案管人员承担更多的引领性工作任务，为案管的未来发展蹚出一条新路。比如各种试点单位、各类示范联系点，都要在某个领域、某项工作上冲在前面，敢闯敢试，经验成熟了再在全国推广。抓落后，就是始终盯着工作落后的地区，想方设法把短板弱项补齐、困难户清零，使各省级院、市级院、基层院的案管工作齐头并进。比如，最高检案管办正在开展的案管专项援助活动，就是要集中全国的优势力量帮助新疆、西藏和兵团落后的案管部门实现跨越发展，赶上甚至超越全国的平均水平。推动案管工作发展，就是要抓点带面，抓两头促中间，这是多年来最基本的、最有效的工作方法。用好这一工作方法，首先要对本地各级院案管部门的履职情况有一个全面充分的了解掌握，清楚哪些院工作先进，可以发挥引领作用，安排更多任务；哪些院工作滞后，给予重点帮扶，形成先进更先进、中间争先进、后进赶先进的竞争氛围，推动实现案管工作的整体提升。

3. 立足监督做好服务，在服务中监督是案管部门特有的工作方法。案管部门的主责主业是监督和服务，两者既对立又统一。大家一定要树立“在监督中服务、在服务中监督”的意识，要强调监督和服务并重，但也要强调监督是第一位的，放弃监督搞服务就是失职。监督是目的，服务保障也是为了更好地监督，就是要通过做好服务保障工作去强化监督职责。

一是以服务宏观管理贯穿微观监管。数据分析研判和案件质量主要评价指标是服务检察长和检察委员会宏观管理的两种有效方式，但宏观最终都要落在微观层面，从而实现对检察业务的有效管理。从服务宏观发现问题到个案监管的微观，这就是质量评查和流程监控。流程监控和质量评查，是对程序和实体的两类监管，是案管部门立身之本、职责之要，放弃个案监督搞服务就是失职。在分析研判中，通过数据比对，发现和找准重点领域、重点环节、重点地区、重点案件中存在的苗头性、典型性、异常性问题，有针对性地提出对策建议，为检察长和检察委员会科学决策提供参考。各条线和各地区再根据院领导的指示要求，去调整和纠正本条线、本地区检察办案中存在的矛盾和问题。这样层层分解到基层院和每位办案检察官，实现微观层面的有效管理。案件质量主要评价指标的运用也是一样，建立指标异常情况研判机制，对异常指标数据及时分析原因，研提对策，这样检察长能够及时指挥调度检察业务工作。各条线和各级院再针对异常指标下钻追溯到具体案件，发现和整治个案办理中存在的突出问题。

二是以服务司法办案实现监管的双赢共赢。受案分案、业务信息化需求、检察业务应用系统 2.0 填录标准、制定办案基本规范等都是服务办案，在某种程度上分析研判也是服务办案，但是服务办案一定要实现双赢。服务业务部门办案，不是单纯地为了服务，而是通过服务，补齐业务部门自我管理的短板。比如，最高检案管办修订《检察监督办案基本规范（2022 年版）》，系统梳理细化检察机关监督办案工作流程，为检察人员司法办案提供方便实用的案头手册；修订《全国检察业务应用系统 2.0 填录标准和说明》，也是为检察人员进一步规范使用检察业务应用系统提供指引。这些工作虽然是服务，但最终规范了业务部门和检察人员的办案流程和办案质量。再如，为更好地服务和助力各业务部门做好条线业务分析工作，最高检案管办主动组织相关业务厅室开展了检察业务数据分析研判专题培训，13 个业务部门办公室主任和负责分析研判的业务骨干参加了培训。有的业务部门表示：听了专题培训课，感觉“豁然开朗”，明白了报表数据与数据之间的逻辑关联，知道了统计系统原来有这么多功能。有的同志表示：业务分析研判的实用方法和技巧，让刚刚接触分析研判的同志少走很多“弯路”，日后还要与我们多交流学习。通过这种服务，让办案检察官理解、支持，特别是在给他们提出监管意见的时候，能够理解和支持我们，实现双赢共赢。各级案管部门，也要主动与业务部门对接，通过高效的服务，既落实党组“以高水平管理促进高质效办案”的要求，又体现案管部门想业务部门之所想、解业务部门之所难。

4. 相互学习借鉴是形成案管工作合力的捷径。干工作，既强调亲力亲为，也强调学习借鉴、参考借鉴。自己干的、努力的是创新；学习别人、参考别人，再结合自身本地、本部门的特点，也是创新。所以要敢于学习、善于学习、相互学习。

一是利用好电子文库。最高检案管办下大力气研发的电子文库，就是让大家共享经验和资源，把别人的脑力、智力成果拿过来为自己所用。2023 年，最高检案管办还对电子文库进行了升级改版，更便于大家学习交流。各省的经验做法、分析研判报告、领导的讲话、规范性文件都放在一起，大家相互学习。但重新上线以来，各地重视程度、利用程度参差不齐。有的省院、市院主任甚至都没登录过电子文库，不知道有什么具体功能，也不知道自己单位上传了多少文章。

要把别人的作业变成自己的思路。上传资料只是解决有没有作业可抄的问题，发动大家学习好、利用好电子文库才是目的。但从各地登录次数来看，重视学习、懂得借鉴的情况不尽如人意。这就是不讲究方法。

二是利用好连续出版物。《检察业务管理指导与参考》是我们条线唯一的一本期刊，是我们开展理论研究、先行先试、经验交流的前沿阵地，案管部门首先应当学习利用好这些材料。但从这几年的征订情况来看，有一半的省份，人均还不到一本。据了解，征订比较好的省份，人均至少1本，有的达到2本，甚至3本多。这些省份，不光为自己订，还为院领导和别的业务部门订，通过赠送期刊，让领导重视案管工作，让业务部门熟悉案管工作，这就是在用创新方法开展工作。

三是利用好检察内网。内网是我们发布通知、学习交流的主要平台。目前，最高检案管办的内网已经增至10个栏目，除了系统通知外，分别设有工作动态、工作文件、案管工作情况、党建专栏、数字案管、人民监督员工作专栏、对口援助、精品课程和案管人物。内容非常丰富，从业务到党建，从动态到情况，涵盖了我们工作的方方面面。最高检案管办还专门发了一个通知，要求各省的案管部门主任负责督促各级案管部门的同志上内网多学习，而不只是收通知、找文件。内网电脑较少的基层院，要定期做好收文，传阅学习。通过相互学习借鉴，最终的目的是推进本地工作落实，让全国的案管工作齐头并进。

以上五个方面的创新，理论创新是牵引，机制创新是支撑，制度创新是保障，内容创新是根本，方法创新是关键。这五个方面相互联系、有机统一，只有每个单项创新取得成效，才能形成创新的整体合力，否则就会制约和影响创新的效果。所以，在工作中一定要整体把握、平行推进，确保案管工作实现更好更快地创新发展。

三、坚持基本遵循，在加强规范中确保创新发展的正确方向

创新，绝不是打破现有秩序推倒重来，而是在原有秩序上的完善，在继承基础上的发展。所以创新要有明确的方向和边界，要有底线，这就必须靠规范来引导和约束。正如一条大河滚滚向前，纵向是河流的方向，就是创新的方向；横向是堤坝，也就是规范。没有堤坝的规范，创新这条河流就会变成洪水猛兽。所以说，规范和创新同等重要，要在创新中规范，在规范中创新，主要把握好四个依据。

（一）依据党组要求去创新

党中央和最高检党组的要求是我们创新开展工作的重要依据，这是讲政治、顾大局在工作中的具体体现。比如，《意见》和《实施意见》是最高检党组要求的集中体现，就是我们创新的依据。再如，应勇检察长强调，建立以证据为中心的刑事指控体系、“三个善于”等，这些都是我们创新的依据。对于院领导、党组的要求部署不能机械地执行，不能僵化地执行，要创造性地执行，创造性地落实，要在执行中强调创造性。最高检案管办发的一些文件、开的一些会议和一些培训的关注点，实际上也是对中央和高检党组关注点的一个传达和落实。比如，关于案件质量检查工作，《意见》专门明确：办案部门探索建立案件质量检查工作机制。最高检领导在听取汇报时指出，办案部门本身要有自我检查机制，就像企业产品一样，要有质检程序，办案部门也要有质检程序，可以组织资深检察官开展检查。这是体现办案部门基础地位的重要内容。案管部门要配合办案部门探索建立案件质量检查工作机制，推动办案部门对已经办结的案件开展自查、核查，这也是《实施意见》中明确的工

作内容。各地在制定本地化的实施意见时，一定要在最高检《意见》的基础上，与办案部门一起研究、细化开展质量检察的具体环节、步骤和要求。不能与案件质量评查混为一谈，否则就失去了质量检查的应有之义。据了解，江西省院已经在系统中设置《案件质量检查表》，对全省三级院办结的相关案件开展每案自查和部门核查；辽宁省院已经细化制定了相关措施，正在丹东市院组织试点；云南省院已经上党组会研究，正在修改完善相关措施。但部分省院还是上下一般粗，照搬照抄最高检的《意见》，没有实质性的举措。再如，加强对重要案件信息公开的管理。2021 年发布的《人民检察院案件信息公开工作规定》《人民检察院案件信息公开内部工作细则》规定，重要案件信息发布由案件办理部门负责拟制，由负责新闻宣传的部门发布，没有提到案管部门的职责。但 2024 年 3 月 12 日，最高检党组会讨论通过办公厅提请研究的《关于加强和改进检务公开工作的提示》，明确由案管办牵头对重要案件信息工作加强管理、规范。党组既然已经明确，那我们案管办责无旁贷。2024 年 4 月 10 日至 30 日，组织全国 10 名业务信息化人才对 27708 件重要案件信息逐条进行清查，并对发现的问题进行交叉复核。清查发现较为严重的问题案件信息 174 条，涉及 23 个省（区、市）检察机关。对此，最高检案管办专门下发了通报。这里需要明确一下，各级案管部门都要主动承担对重要案件信息发布的组织、审核、监督、指导职责，这是落实最高检党组要求的直接体现。

（二）依据案管职责去创新

创新的源头首先是工作职责，否则我们的创新就是无源之水、无本之木、无基之台。这就要求我们在创新中做到不越位、不错位和不缺位。严格依照案管的职责创新，只有没有做到位的、没有做充分的工作职责，才是我们创新的内容。据了解的情况看，各地不同程度地存在职能设置不统一、履职不全面不充分、管理不科学不规范以及不敢监督不会监督等突出问题，影响了案管职能作用的发挥。此次《实施意见》的出台，为案管部门履职提供了一个统一的指导意见，各级案管部门要及时对照、调整自己的职责范围，规范履职。

（三）依据工作目标去创新

最高检党组提出，“高质效办好每一个案件”是新时代新征程检察履职办案的基本价值追求。这就是创新的目标导向，也是检验创新是否正确的标准。案管部门贯彻落实党组要求，就要高质效管好每一个案件。现实的情况是，从最高检到基层院，都在抓宏观管理，抓指标数据。分析研判、指标评价都是通过数据反映办案质量，但只是概略评价，而具体个案的管理、监督、评价，才是精准的管理、监督和评价。应勇检察长强调，“高质效办好每一个案件”，重在“高质效”，难在“每一个”，基础和着力点也在每一个。创新要紧紧围绕“高质效”“每一个”。那么，我们的日常履职就要转型，工作重心要从宏观向个案上转移。

个案监管是我们的基本职责、立身之本，也是案管办存在的价值。案管办成立的初衷就是个案监督，即流程监控和质量评查，这是案管办的两项基本职能，是精准把控个案质效的基本方式。如果这项职责履行不力，别的工作干得再好，也等于归零。《实施意见》专门提出：各级人民检察院案件管理部门要将本院的案件受理审查、流程监控、数据质量监管作为三项经常性主要工作，做在日常，坚持经常。这是一个创新提法，目的就是加强对个案的监管。因为这三项工作四级院均需承担，都是需要日常落实的常态化工作，而事实上，各地除数据质量监管和案件受理审查中的“受理”落实较好外，结案“审查”和流程监控落实效果不够理想，特别是流程监控工作，突击性、形式化比较严重，与跟进式、全过程的流程监控制度设计的初衷相去甚远。因此，希望通过定性为“三项经常性主要工作”，引起各级案管部门的重视，确保把对个案的流程监控做在日常。

（四）依据问题解决去创新

问题是创新的起点，也是创新的动力源。这是问题和创新的辩证关系。在事物发展的因果链条中，发现问题和解决问题是推进发展的关键环节。我们要紧紧围绕着案管工作中的老问题、新困难去推进、去解决。案管工作十多年的发展表明，新情况、新问题层出不穷，其中有一些可以凭老经验、用老办法来应对和解决，但更多的是老经验、老办法不能应对和解决的。这就需要以创新的理论与方法解决新出现的问题。

发现问题是前提。能否找到问题所在，体现着工作作风是否深入，对本部门、下级院的情况是否真正了解掌握。各级院案管部门都要对案管工作进行调研摸底，深入了解存在哪些问题以及需要加强哪些方面。比如，在检察队伍教育整顿期间，最高检案管办通过深入调研了解到，案管部门与检务督察部门在个别工作环节的衔接配合上不够顺畅，比较集中的是案件质量评查结果与错案追责工作之间的贯通衔接问题。之后，最高检案管办推动制定了《人民检察院案件管理与检务督察工作衔接规定》，常态化开展错案责任追究，效果很好。

解决问题是关键。发现问题就要直面问题、解决问题，这体现的是工作水平。要坚持有什么问题就解决什么问题，有什么突出问题就着力攻克什么问题。而不是绕着问题走，放任问题自生自灭。客观讲，案管部门从成立到现在，有好多问题没有解决。我们这一代案管人尽量多解决几个问题，上下联动、群策群力，联系点和试点单位都要冲在前面去解决。县院的联系点解决问题的方法好，就把好方法推广到整个基层院；市级院的联系点解决问题的方法好，就把好方法推广到市一级；各省做得好、效果明显的好方法、好经验，就向最高检党组报告，把做法变成一个规范性文件、制度。所以，关键是真研究解决问题。

以上，从三个方面探讨了案管工作创新发展之路。其中认识是前提，就是要认识到创新发展的重要性；规范是保障，就是要加强创新发展的规范性。在此基础上进行理论创新、内容创新、机制创新、制度创新和方法创新，形成案管特色的创新矩阵，从而不断夯实案管工作持续发展、长远发展的基础和着力点。从这个角度讲，创新发展也是为了强基固本。

这次会议既是统一思想、凝聚共识的动员会，也是创新发展、规范发展的推进会，更是务当前、谋长远的总结部署会。古语讲："不日新者必日退。"时代总是将成功的机会留给敢于创新、善于创新的人，谁拒绝创新，谁就会落后于时代，谁就会被历史淘汰。新时代新征程，我们要做改革创新的引领者、推动者，及时转变、消除不适应时代发展的思想观念、行为方式等，在工作的理论、内容、机制、制度、方法上实现全方位的创新，开拓进取、主动作为，争做新时代的弄潮儿，切实以改革创新、规范发展实现新时代案件管理工作的跨越式发展。

注重联通联动　深耕主责主业
以高水平的业务管理服务高质效办好每一个案件

谈　固*

目　次

* 谈固，湖南省人民检察院党组成员、副检察长。

2024 年 1 月，最高检出台了《最高人民检察院关于加快推进新时代检察业务管理现代化的意见》（以下简称《意见》），应勇检察长在 3 月 14 日传达贯彻全国“两会”精神电视电话会上就贯彻落实《意见》提出了明确要求。《意见》的出台为案件管理部门更好履行监督管理职责注入了强劲动力，也赋予了更重的职责任务。案件管理部门作为检察业务的专门管理部门要认真抓好《意见》的贯彻落实，将《意见》关于理念、体系、机制、能力现代化的要求，落实到案件管理工作中，以更高水平的业务管理服务“高质效办好每一个案件”。

一、更新理念，以更高站位推进业务管理现代化

检察工作现代化必然要求检察管理现代化。案件管理部门要认清发展形势、准确把握大局、主动担当作为，进一步更新管理理念，以更高站位推进业务管理现代化，以业务管理现代化服务检察工作现代化。

（一）增强大局意识，处理好“小管理”与“大管理”的关系

应勇检察长指出，案件管理是检察长的职责，是整个检察机关对案件的管理。检察长和检察委员会对检察业务进行宏观管理是“大案管”。案件管理部门是相对于“大管理”的“小管理”。一方面，案件管理部门的“小管理”不能越位，不能替代检察长、检委会管业务、做决定；另一方面，案件管理部门要增强大局意识，立足全局，敢于担当，准确把握“检察业务工作的中枢”和“业务管理的枢纽”的职能定位，在履行好案件受理、流程监控、案件质量评查等专门管理职责外，要切实履行好综合协调、统筹管理、服务保障、监督落实的职责，将“小管理”的“自转”融入各级检察长和检委会“大管理”的“公转”之中，立足岗位职责服务好“大管理”，落实好“大管理”的部署要求。

（二）坚持双赢理念，处理好“办好案”与“管好案”的关系

办案与管案价值同一、目标同一、方向同一、任务同一、标准同一，案件管理部门和业务部门要坚持目标导向和双赢理念，实现“管案”和“办案”双向奔赴。一要突出自我管理的基础地位。办案部门负责本部门、本条线办案质量的监督管理和各项管理措施的组织实施，位于检察业务管理的基础地位，办案部门负责人是本部门、本条线检察业务管理的第一责任人；主办检察官、独任检察官是检察业务管理直接责任人。办案部门及检察官要切实担负起案件管理的主体责任，要寓管理于办案、边办案边管理、以管理促办案，充分发挥案件质量管理的主体作用。二要发挥专门管理的枢纽作用。案件管理部门要立足岗位职责，加强对所有办案环节的

全面监管，当好发现问题的主导者、研究问题的推动者、解决问题的参与者、防范问题的贡献者。三要实现融合监管。案件管理部门与业务部门要加强日常沟通和定期会商，实现信息共享、互联互通、协同合作、同向发力。在融合监管中，既要保障案件管理部门监督的程序启动权和监督权，又要尊重业务部门的业务决定权和裁量权；既要防止对办案的干预，又要杜绝脱管漏管。案件管理部门还要立足职能优势和信息优势为业务部门自我管理提供服务和保障。

（三）坚持系统观念，处理好“盯数据”与“管案件”的关系

应勇检察长在全国检察长会议上指出，加强检察业务管理，要正确处理好宏观管理与微观管理的关系；要加强评价指标的统计、分析、研判功能，淡化指标的通报、考核、评比功能；要用好流程监控和案件评查，统筹好数据指标宏观管理和个案评查微观管理，发挥整体效能。宏观管理和微观管理不是孤立的，微观管理是基础，宏观管理是导向，两者之间相互联系、相互影响。要通过宏观的分析研判穿透到微观的个案质量，同时也要通过个案质量管理延伸到宏观的类案整改、业务治理。具体来讲，要依托最高检新修订的案件质量主要评价指标加强宏观管理，突出评价指标分析研判、掌握动态、把握趋势、查找问题、研提对策、改进工作的功能，抓实定期的综合分析和不定期的专项分析，通过分析研判及时发现、解决本地区本院检察业务运行的倾向性、苗头性、典型性、异常性问题。要用好案件检查、个案流程监控和质量评查等监管手段加强微观管理，通过案件检查、数据核查、流程监控发现和纠正具体办案中存在的问题，通过案件质量评查，精准评价个案质量，把司法责任制落到实处。

（四）强化协作意识，处理好“管好案”与“管好人”的关系

全国、全省检察长会议都指出，加强业务管理，既要管好办案活动，也要管好办案的人，实现放权与控权的统一。“高质量的案”是标，“高素质的人”是本。高质效办好每一个案件，“高质效”体现在“案”，关键在“人”。“管好案”与“管好人”要紧密结合，“案”与“人”要一体监督，“管案”与“管人”要同步推进。在个案监管中，要从对案件质量的监管穿透到对检察官履职行为的监督，严格落实司法责任制。在宏观管理中，要建立单位、部门、个人司法档案，通过数据分析为单位、部门和个人进行司法办案质量画像，实现对办案单位和个人的具象化客观评价，为更好优化办案组织提供重要依据。

二、担当作为，以更实举措推进高质效监管

对案件办理全过程进行监管，是案件管理工作的主要职责，也是案件管理部门的立身之本、价值所在。要通过全面、规范、精准、高效履行监管职责，解决不敢监督、不善监督、监督质效不高的问题，以“高质效管好每一个案件”助力“高质效办好每一个案件”。

（一）以更全面的履职拓展高质效监管的广度

一是司法办案全流程，一个不落。从案件受理到分配、办理、流转、审批、用印等全流程，从侦查调查到提前介入、审查逮捕、审查起诉、诉讼监督、线索移送、检察建议等全环节，从实体处理到办案程序、法律文书、涉案财物、办案期限、办案权限、监督履职、释法说理、办案效果等全要素，都要作为监管的重要内容。在监管中发现的问题、疑点、分歧、趋势、隐患都拿出来、摆出来，

使之被讨论、被研究、被关注、被重视、被纠正，从而促进统一认识、统一标准、统一尺度，不断规范司法办案，提高案件质量。二是“四大检察”全业务，一视同仁。要进一步完善民事、行政、公益诉讼检察业务的案件质量评查细则、流程监控规则、数据监管标准，重点明确民事检察、行政检察、公益诉讼检察案件的瑕疵、不合格等次标准，查找存在实体问题的瑕疵、不合格案件，确保“四大检察”全业务纳入监管范围。三是案前案中案后全过程，一刻不放。办案前，要配合业务部门制定规范的办案指引、加强业务指导和培训。案件办理中，要加强流程监控，对案件办理中的办案期限、办案程序、强制措施、涉案财物、权利保障、文书质量等进行实时监控，在程序上使公平正义更好更快实现。案件办结后，要做好办结案件的质量评查，通过个案质量评查及督促整改实现实体上的公平正义。

（二）以更规范的履职提升高质效监管的精度

一要师出有名。严格按照刑事诉讼规则、民事检察监督规则、行政检察监督规则、公益诉讼检察办案规则、案件管理工作规定、流程监控工作规定、案件质量评查工作规定、数据管理办法等法律法规、工作规定依法依规履职，坚持“法无授权不可为”，不能超职权替代办案，不能以监管为名干预办案，做到监督不缺位，管理不越权。二要出手有据。案件管理部门履行监管职责不能“高人一等”，但要“技高一筹”。要加强对法律法规、司法解释的研究、学习，准确把握法律条文、监管规则的适用，确保监管问题抓得准、抓得实，指出问题有理有据，不断提升业务监管权威性。三要出错有责。案件管理部门对案件的专门管理是全链条、全过程、全要素的管理，从头到尾案件管理部门都有监督管理责任。案管人员就要有“功成不必在我，功成必定有我”的担当和境界，要以如履薄冰的自觉、如临深渊的心态、极端负责的态度，恪尽职守，依法依规履职尽责。

（三）以更精准的履职提升高质效监管的深度

一是做细数据监测，从异常数据中找准问题。加强对异常数据和异动数据的分析研判，查找业务运行和案件办理存在的普遍性、典型性、异常性、苗头性问题，提出监督意见。二是做实流程监控，从异常程序中找准问题。抓实办案关键节点和重点问题的监控，通过专项监控查找普遍性案件和典型性案件质量问题，逐一分析研究解决，通过探索流程监控实质化，破解智能监控规则缺乏、“重刑轻民”偏科、流程监控浅表化问题。三是要做深质量评查，从异常案件中找准问题。进一步深化“每案必评”试点工作，完善提级评查、交叉评查、省检察院抽查工作机制，落实对捕后不诉、撤回起诉、法院判无罪、免予刑事处罚等重点案件的逐案评查，组织开展专项评查。要进一步细化评查标准，适时选择部分案件类型探索制定案件质量评查工作指引。要按照“联评联动”的要求，统筹好重点评查和专项评查，协调案件管理部门和业务部门形成评查工作合力；按照“首评首责”的要求，落实评查单位和评查员的评查责任，真查问题、查“真问题”，提高评查质量；要按照“全评全改”的要求，落实好评查发现问题的整改；按照“智评智管”的要求，不断完善和优化“智慧案管”评查辅助功能，由系统完成95%以上的案件的评查，对“智慧案管”平台筛查出来的少量的疑似有实体问题和严重程序问题的以及线下确定的重点案件，由人工进行逐案深度评查。

（四）以更务实的履职强化高质效监管的力度

一是行动要高效。格外重视案件流程监控，建立“发现问题、反馈问题、整改问题”的快速反应机制，在案件办理过程中及时发现问题、及时纠正整改问题，降低监管成本，避免纠错追责的情况出现。二是整改要问效。联合业务部门加强对普遍性、典型性、异常性、苗头性问题的专题分析和研判，对问题的整改效果进行检查验收，形成从“个案监管”到“类案整改、机制建设、业务治理”的闭环。协同政工人事部门和检务督察部门建立检察官司法档案制度和结果运用配套机制，严格落实司法责任制。三是管理要增效。以最高检通报的案件管理工作的 6 项主要评价指标为重点，抓好自身管理和下级检察院案管部门的管理，推动重点案件管理工作开展，切实防止案件管理部门自身的“反管理”。

三、 务实创新，以更优服务保障司法办案

（一）更好服务于领导决策

方式上要坚持横向会商与纵向会集相结合。充分发挥业务部门的专业优势，用好下级检察院的海量数据和业务分析研判成果，将上下的数据会集与左右的数据会商结合起来，提高业务分析研判精准度和针对性。形式上要坚持综合分析与专题分析相结合。对“检护民生”、“检察护企”、优化法治化营商环境、“轻罪治理”等专项工作、重点工作开展专题分析研判；对涉及安全和稳定的重要问题、法律监督的重点任务，进行小切口、长跨度、宽领域的深度专项分析；对于制约检察业务高质量发展的“老问题”，要持续关注、动态分析。成果上要坚持发现问题和解决问题相结合。不仅要客观反映业务运行态势，还要准确查找数据背后的问题，深入剖析产生问题的原因，更要提出解决问题、改进工作的对策措施，注重做好分析研判“后半篇”文章。

（二）更好服务于高质效办案

统筹协调好各管理主体落实好《意见》要求，统筹推动建立完善个案指导、案例指导、统一司法办案标准和法律适用、业务部门案件质量检查、协同管理、管理结果运用等工作机制。科学运用案件质量主要评价指标加强检察业务评价工作，引导统筹好“有数量的质量”和“有质量的数量”，落实好省市两级检察院双月检查、县级检察院单月检查的常态化机制，压实案件承办检察官案卡填录的主体责任，对数据“有水分”“做假账”的，严肃追责问责，坚决纠正“一切围着指标看、一切围着指标干”，切实引导树立正确的业绩观，真正围绕“高质效办好每一个案件”抓实业务管理。建好案件质量问题库，对质量问题分类、分层、分级进行分析研判，找出办案中的易错点、风险点、症结点、分歧点，有针对性地开展专项整治，由易到难分期、分批解决司法作风不实、执法不规范等问题，推动和配合业务部门及时研究办案中的认识分歧，加强业务指导。积极配合检察技术部门收集和统筹好业务部门办案信息化、数字化、智能化需求，协力推进数字检察工作，认真做好政法跨部门大数据平台流程和数据需求的统筹和管理工作。

（三）更好服务于创先争优

积极参与优案培育工作，通过提供办案规范性指引，及时提醒、提示，防止案件出现程序、文书瑕疵问题，对案件实体处理进行全程监督，对拟推荐参评参选的案件要先进行实质性评查。积极参与业务部门机制和制度建设工作，及时提供数据和信息服务，提供建设性意见和建议，帮助业务部门完善办案工作指引，建立健全业务管理工作机制。注重在监管活动中发现优质案件、优秀文书、优秀办案人员和好的制度机制，做好优秀案事例的发掘、归纳、总结、宣传和推介。

（四）更好服务于诉讼参与人和人民群众

充分保障律师阅卷权是保障律师执业权利，进而实现案件当事人诉讼权利的重要基础性工作。要全面及时保障律师网上阅卷，及时审核律师网上阅卷申请，对于符合条件的要在规定时限内完成申请办理工作。同时，要深化案件信息公开工作，严格执行案件信息公开范围规定和禁止性、限制性规定，严格落实法律文书公开“三查两审”工作机制，规范做好法律文书公开隐名、屏蔽工作，确保不将有安全隐患的文书纳入公开范围。

（五）更好服务于外部监督

加强同司法行政机关的沟通联系和协作配合，定期反馈监督意见，健全完善联席会议、同堂培训机制，配合做好人民监督员选人管理、抽选监督、考核激励等工作；加强对下指导，着力解决发展不平衡以及监督形式化的问题。进一步细化听证范围、优化听证程序、提高听证效能，认真落实最高检“对于检察机关拟作出不起诉等终结性处理决定的案件，在事实认定、法律适用、案件处理等方面存在较大争议，或者当事人反复申诉，或者有重大社会影响的，原则上应当组织听证”的工作要求。

四、强化保障，以更强力量赋能案件管理工作

（一）队伍赋能

坚持政治建设与业务建设深度融合。以政治建设统揽业务工作，将讲政治的要求贯彻到每一项工作中，细化到每一起案件的监管中，通过高质效的案件管理工作，确保“人民群众在每一起案件

中都能感受到公平正义”，以实际行动为厚植党的执政根基贡献力量。坚持基层建设与队伍建设高度契合。选优配强基层检察院案件管理部门工作人员，建立案件管理部门与办案部门检察官轮岗制度，着力提高基层检察院案件管理队伍的业务素能。坚持上级调训与跟班轮训衔接配合。各项培训名额向案管业务薄弱的市县两级检察院倾斜，有条件的地方有计划地安排下级检察院案管人员到上级检察院案管部门跟班学习，以跟班轮训、岗位练兵的方式提高基层检察院案管人员的业务素能。坚持集中培训与常态答疑相结合。结合业务工作需求，科学合理统筹安排综合培训、专题培训。常态化开展业务指导和答疑工作，利用现代化技术条件，通过开设“业务答疑”栏目等方式，对下级检察院进行及时性的业务指导。

（二）机制赋能

完善一体履职机制。进一步完善质量评查、数据监管、专项流程监控、业务数据分析研判“一体化”工作机制，着力破解基层力量弱、同级监督难的问题，确保上下条线工作同频共振、同向发力。完善融合监管机制。通过通报监管情况、函告提示、定期会商、联合监管等方式实现与办案部门信息互通、管理互促，推动有效整改监管发现的问题。及时向检务督察部门移送违法违纪监督线索，切实推动司法责任制的“全面”“准确”落实。配合政工部门科学设置综合评价指标，用好监管结果，培育争先进位干事创业的良好检察工作生态。完善内部联动机制。坚持完善案件流程监控、质量评查和业务数据监管融合联动的常态化工作模式，打破三大监管之间的壁垒，形成各监管环节有序衔接、互为补充的监督管理格局。

（三）数字赋能

按照最高检案管办和省检察院的部署要求抓好系统部署推广和

应用。优化和升级完善“智慧案管”整体功能提供用户体验和智力成果，结合最高检印发的流程监控要点、办案指引等提出更多更优的监管业务需求，优化现有监管规则、筛查规则，研发新的监管模型，通过智能化的监管赋能“高质效办好每一个案件”。结合自身工作实际积极引进优秀的、有用的小软件、小插件等，进一步提升智能化监管水平，拓宽监管宽度、广度和质效。

理论前沿

LILUN QIANYAN

流程监控智能化发展的改进思路

检察机关案件流程监控智能化机制研究课题组*

目　次

* 课题组主持人：申国军，最高人民检察院案件管理办公室主任、一级高级检察官。课题组成员：申云天，最高人民检察院案件管理办公室业务信息化管理处处长、二级高级检察官；侯建刚，最高人民检察院案件管理办公室人民监督员工作处处长、一级高级检察官助理；吴晶晶，最高人民检察院案件管理办公室书记员；谢飞，安徽省淮北市人民检察院检察信息技术部主任；方司晨，湖北省黄冈市公安局法制支队三级警长；王海，江苏省苏州市吴江区人民检察院检委会委员、一级检察官；夏芸帆，江苏省苏州市吴江区人民检察院第六检察部副主任、一级检察官；朱蒙佳，江苏省苏州市吴江区人民检察院第六检察部五级检察官助理。

（一）坚持数据思维、系统思维，增强全局意识、全流程规范意识
（二）明确监控标准、丰富监控类型，构建纵横一体的监控管理体系
（三）完善流程监控配套机制，织密内外互联的案件管理网
（四）搭建智能化、指引型、实质化、可移动监管平台

2024 年 1 月，最高检印发《最高人民检察院关于加快推进新时代检察业务管理现代化的意见》（以下简称《意见》）强调，加快检察业务管理系统建设，推进办案流程管理自动化、质量评查智能化、数据质量监督模型化、业务数据分析定制化、评价指标解析可视化，逐步实现检察业务“智慧管理”。“流程管理自动化”为“五化”目标之一。案件流程管理的自动化、信息化、智能化，是检察机关落实“高质效管好每一个案件”的重要举措。要坚持以高质效管好每一个案件助推高质效办好每一个案件，努力让人民群众在每一个司法案件中感受到公平正义。

一、 现有流程监控无法满足新的工作需求

（一）流程监控理念有待转变更新

1. 监管“指引”理念不足。案件流程监控是实时、动态的监督、提示、防控，不仅在于发现问题、纠正问题，还应在事前、事中的提醒、指引上发挥更大的作用。全国检察业务应用系统运行以来，以文书控制、节点控制、案卡控制，为检察官提供同步办案规范指引。但在实践中，流程监控工作更多地被理解为通过监管员或监管平台去发现问题、纠正问题的事后“问题处理”工作，监管理

念相对滞后，事前、事中的提醒、指引意识尚未完全建立。

2. “全员参与”监管理念欠缺。《意见》明确办案部门位于检察业务管理体系的基础地位，要强化办案部门对案件的自我管理，对检察官办理案件的法律适用、程序性事项、办案时效、法律文书格式和内容等进行审核。实践中，业务部门自身的监管理念不足，检察官过分依赖案件管理部门的流程监控。经案件管理部门提醒的事项及时整改，未收到提醒的事项则无暇顾及，放松对办案流程的监管把控。《人民检察院案件流程监控工作规定（试行）》（以下简称《监控规定》）明确，流程监控通知书的接收主体是办案部门，需要办案部门及时查明情况，及时纠正问题。实践中，办案部门在流程监控中主动履职不够，在监控问题的“查明纠正”上未能有效参与。此外，案件管理部门在开展流程监控时，主要依靠流程监管员发现问题，其他如收送案审核、律师接待、业务数据管理、涉案财物管理等岗位工作人员缺乏主动参与监控的意识。

（二）流程监控对象单一、标准不统一，监控覆盖面不全

1. 流程监控对象单一。在全国检察业务应用系统中开展流程监控，依托个案发起、个案流转，纠正意见直接向办理该案的检察官提出，由检察官纠正反馈，监控对象局限于个案。系统中的“专项监控”，对于案件期限、案件公开、监督线索监控等专门监管点发现线索后，仍通过个案开展监控，没有形成监控模型的类案监控，没有以检察官为对象的监控，没有对某一办案环节整体办理情况的监控。

2. 流程监控标准不统一。对流程监控中发现的不同种类的问题，“情节轻微”的应当口头提醒，“情节较重”的发送流程监控通知书，“情节严重”的发送流程监控通知书并通知检察长。但是，“情节轻微”“情节较重”“情节严重”并无具体的区分标准，问题

的认定往往根据监管员的个人经验来判断，极有可能受到考核等因素的影响，出现同样问题不同处理的情况，影响监控的权威。同时，流程监控多为同级同体监督，监管员受到情面、利益的影响，担心监控发现严重问题对本院业务评价产生负面影响等，出现不敢监督、不愿监督、选择性监督等问题，影响监督效果。

3. 流程监控的覆盖面不全。一方面，流程监控未覆盖全部监控要点。流程监控多是对办案期限、诉讼权利保障、法律文书制作和使用的监控。《人民检察院刑事案件办理流程监控要点》还要求对司法办案组织进行监控，而实践中对案件分流、检察官职权清单的执行情况等缺乏监控。《监控规定》中关于办案系统使用、司法办案风险评估等方面的监控要求，实践中也存在明显不足。另一方面，流程监控未覆盖禁止性规定。监管员通常是对检察官应当做什么而没有做的义务性规范进行监管，对禁止性规定，不应当做什么却不当做了什么，很少进行监管。如某检察院员额检察官的律师配偶虽在异地执业，但代理了该院一审公诉案件并申请阅卷，明显违反了检察官法关于任职回避的规定，若这方面有监控的提醒、预警，能有效避免不当阅卷的发生。

（三）流程监控配套制度不健全

1. 执行制约机制不健全。《监控规定》规定，业务部门在收到监控提示、通知后应当在 3 个工作日、10 个工作日内核查、纠正、反馈。实践中，业务部门对监控发现的问题未按照该条款执行，案件管理部门缺少进一步监督的刚性措施。该规定过于原则，未建立相应的反馈、制约机制，难以保证流程监控的效果。

2. 与质量评查衔接不畅。流程监控发现的办案实体性问题，要求移送开展案件质量评查；案件质量评查工作规定中也明确，在流程监控等管理活动中发现存在严重程序违规、不当干预、缺少制约程序等问题的案件也应当开展逐案评查。实践中，流程监控与质量评查两种监管方式未能实现有效衔接，流程监控发现的问题案件未能自行启动质量评查。

3. 与绩效考核未能有效衔接。在流程监控发现个案问题并纠正后，同一检察官、同一部门、同一单位相同或类似问题依然存在，监管员不得不投入巨大精力纠正重复性错误，不能达到“纠正一个，改变一片”的效果。案件流程监控是案件质量管理的重要环节，监控纠错与检查评价必然会反映个案办理质量的优劣和具体办案人员执法办案水平的高低。[①] 但流程监控结果应用不充分，监控发现问题未能真正与检察官绩效考核衔接挂钩。

4. 对案管部门的自我监督管理有待加强。流程监控工作，更多的是强调对业务部门办理案件的监控，案件管理部门在案件受理分配、律师资格审核、案件信息公开复核、案件移送等环节进行的流程操作，缺乏相应的监管。同时，案件管理部门的流程监控案件办案期限未有监控，系统发现问题后，推送监管员处理，但对监管员处理问题的时间没有明确要求，可能出现问题久拖不决情形。还有在业务部门的问题案件办结以后才发起监控的，则失去流程监控的意义。

（四）实质化、自动化监控尚未实现

1. 未能实现实质化监控。流程监控存在形式监控问题，没有实现流程监控实质化。流程监控模块只能监控到相关文书是否制作并入卷，而对于文书内容是否正确、是否为空白文书、文书审批用印后是否不当删除等问题缺乏监控。流程监控模块只能监控到案卡是

① 刘思齐、段威：《天津市检察机关案件流程管理模式探究》，载《中共太原市委党校学报》2017 年第 3 期。

否填录、是否完成送案等操作，未能实现回传文书的自动识别，对于文书有无实际送达、有无真正保障权利人的诉讼权利等问题无法有效监控。

2. 流程监控自动化程度不高。一是问题处理不够智能化。流程监控系统根据预设的规则判断个案存在问题后，统一将问题推送监管员处理，未能区分问题的严重程度进行自动化的处理，未能实现轻微问题自动发出口头纠正意见，减少监控工作量的目标。二是系统自动更新能力不足。法律法规通常会随着时代的发展不断完善，法律法规修改后，需要大量的人工进行系统后台监控规则的修改，系统自动更新的智能化能力不足。在人工修改过程中，可能存在疏漏等情况，影响监控效果。三是监控数据来源单一。检察机关与其他政法机关之间存在数据壁垒，未能有效发挥监督合力。若检察官未如实填录案件判决信息，依托检察业务应用系统难以监控到案件的“诉判不一”或者“无罪”等问题；案件起诉后检察机关无法准确掌握法院立案日期，难以准确监督法院审限是否超期等问题。

二、 流程监控智能化的必要性及可行性

（一）流程监控智能化的必要性

1. 流程监控智能化是强化法律监督、推进检察业务管理现代化的必然要求。2021 年 6 月，《中共中央关于加强新时代检察机关法律监督工作的意见》对新时代检察机关法律监督履职水平提出了新的更高要求，明确提出要加强检察机关信息化、智能化建设；明确了包括“流程管理自动化”在内的检察业务管理系统建设“五化”目标，强调加快推进检察业务管理能力的现代化。而当前的信息化监控虽然能够实现对办案文书有无制作的监管，却缺失了对办案行为是否有效实施的“实质化”监管，这就要求检察机关在充分回应

人民群众要求、严格落实司法责任制的背景下，通过不断提升内部流程监控工作的质效，实现对“办案行为”的全流程智能化、实质化的管控，真正做到放权不放任、监管不缺位。

2. 流程监控智能化是优化监控模式、助推高质效办好每一个案件的必然要求。随着“四大检察”的不断发展，办案行为也从线下转为线上且呈现更加规范化、精细化的趋势。这就要求：一方面监督管理要同步转为线上；另一方面监督管理要积极作为，主动适应线上办案规范化、精细化的发展趋势。只有实现流程监控工作模式从个案监管向类案监管转变、从发现问题向预警问题转变、从侧重刑检向“四大检察”全覆盖转变、从静态监管向动态监管转变，才能真正做到对各种类型案件的全面、实时、动态监管，切实将程序风险化解在问题发生前，以高质效管好每一个案件助推高质效办好每一个案件。

3. 流程监控智能化是提升监控效果、实现工作标准化的必然要求。当前，流程监控工作依然存在监控问题形式化、表面化，人工监控多、智能化监控少等问题，相当程度上制约了流程监控工作本身的发展。从全国情况来看，各地流程监控工作发展不均衡、不充分，开展流程监控的方式也不尽相同，这显然与严格落实案件管理动态监督、过程管控的职责要求存在一定差距。推进监控规则的智能化转化，聚焦解决当前流程监控工作智能化程度不高、发现问题不细不准的问题，不断解放人力、提升效果，最终形成一套可复制、可推广的标准化监控工作模式。

（二）流程监控智能化的可行性

1. 数字化发展为检察内部监督的智能化提供了强大的技术支撑。“十四五”规划纲要提出，加强数字社会、数字政府建设，提升公共服务、社会治理等数字化、智能化水平。在数字化转型的大背景下，信息技术发展已进入快车道，大数据和人工智能在企业管理、工业制造、公共服务等多个领域开展有益探索，图像识别、语音识别、数据分析等技术不断迭代升级，为检察机关的数字化转型创造了有利的外部环境。

2. 检察办案的信息化发展为流程监控的智能化提供了坚实的基础载体。要实现流程监控的智能化，就必须以检察办案的信息化为前提，缺少了办案的信息化平台，监控的信息化、智能化将无所依托。一方面，最高检部署运行检察业务应用系统 2.0，串联四级检察机关，并联各个业务条线，集成了文书制作、流程运转、信息填录等多种线上办案数据资源，为通过数据碰撞找寻办案程序的预警点和问题点提供了便利条件；同时该系统也具备办案过程控制、办案期限预警等动态监管功能，为流程监控工作提供有力抓手。另一方面，各地检察机关也在不断探索本地流程监控智能化系统的先行先试，为流程监控智能化提供丰富的经验。

3. 流程监控规则体系的不断完善为流程监控的智能化提供了丰富的参考指引。流程监控工作智能化的核心环节是监控规则的智能化，而监控规则的智能化又对业务规则本身的统一性、规范性、可行性提出了更高要求。2020 年以来，最高检先后印发刑事、民事、行政、公益诉讼监督案件办理流程监控要点，根据法律法规、办案规定等规范性文件明确监控规则。从地方实践来看，上海、江苏、浙江等地检察机关案件管理部门也结合本地工作实践，制定了有关刑事、民事、行政、公益诉讼检察的各类案件的监控规则，相关规则又被解构转化为计算机可识别的智能化监控规则，在自主研发的流程监控智能系统中得到落地运行。

4. 流程监控对象的客观性为监控规则的智能化提供了最大的实现可能。一方面，流程监控的依据是从三大诉讼法、“四大检察”办案规则、司法解释中提炼的程序性规范要求，监控对象是客观的办案程序，监控重点是案件受理和移送、办案期限、强制措施、诉讼权利保障、涉案财物、案件信息公开等流程环节是否合法规范，不涉及案件实体和主观判断，易于通过智能化手段发现问题；另一方面，在检察业务应用系统中，客观的办案程序主要通过流程节点、文书制作和案卡信息予以记载，相关数据可以被计算机语言识别和判断，也为监控规则的智能化转化提供了良好的数据基础。

三、 流程监控智能化的改进思路

（一）坚持数据思维、系统思维，增强全局意识、全流程规范意识

1. 坚持数据思维。在智能化监控模式下，应跳出从经验出发预判办案风险点的方式方法，转向运用数据手段、逻辑方式发现问题。“从数据找问题”，要加强对微观数据和宏观数据的综合运用，包括案卡信息、文书制作时间等“小”数据和反映检察业务运行态势、办案质量情况的“大”数据，不断培养从数据中寻找监管点的能力。“从问题找数据”，要不断学习、理解当前信息技术的发展水平和现实情况，找到流程监控工作与数据深度应用的最佳契合点，充分运用可用、可知、可感的业务信息化数据研制能够有效“发现问题”的智能化监控规则。检察机关要营造“用数据说话、用数据决策、用数据管理、用数据创新”的工作氛围。①

2. 坚持系统思维。跳出个案监管思维，形成类案监管思维。在传统监管模式下，案管人员发现问题的过程具有随机性、偶然性，常常是“遇到一件解决一件”，缺乏对一类问题的系统思考和总结提炼；而智能化监控则要求要尽可能全面、精细地考虑到同一类型

---

① 马建刚：《检察实务中的大数据》，中国检察出版社 2017 年版，第 44 页。

问题的所有可能性，才能避免出现因考虑不周而导致的错误预警。突破“查找问题”的后端思维，形成“事前预警 + 事后监管”全链条思维。随着流程监控工作的持续深化，工作重心要从“发现问题”更多地转向“预警问题”，从“抓末端、纠已然”更多地转向“抓前端、治未然”。结合智能化监控要求来看，应当制定有层次的智能化监控规则，不仅要在问题发生后第一时间发出预警信息，更要在问题发生前探索采用“倒计时”等方式提前提示检察官注意程序规范。

3. 增强全局意识。转变重“刑”轻“民行公”的监管惯性，形成检察业务管理的全局思维。新时代对“四大检察”提出了要全面、协调、充分发展的要求，案件流程监控工作也要及时转变重“刑”轻“民行公”的监管惯性，破解对民事、行政、公益诉讼检察案件“不会管”“不愿管”“不敢管”的思想困境，从理念上重视“四大检察”的监管均衡性，进一步补齐业务知识短板和监控规则缺项，增强全局意识。

4. 增强全流程规范意识。案件的程序规范、实体公正是案件承办人、承办部门、案件管理部门共同的目标，检察官应当对案件程序的规范性负责，“谁办案谁负责”的原则也要求检察官对办案的程序和流程负责，办案主体应当增强程序规范意识，变被动接受监督为主动强化监督。案件管理部门作为流程监控的责任部门，要强化全流程规范意识，一方面要提高流程监控监管工作能力；另一方面更应增强自身工作的程序规范意识，这样有助于检察机关程序规范的全面提升。

（二）明确监控标准、丰富监控类型，构建纵横一体的监控管理体系

1. 明确监控标准。针对流程监控依据标准不统一、问题认定标

准不明确，导致“相似情形不同处理”影响监控权威的问题，应制定明确的监控标准。对情节轻微、情节较重、情节严重在制度层面上作出明确规定，便于各级检察机关流程监管员统一监管标准。针对监控覆盖面不全的问题，应增加禁止性规定的监控点，通过对案卡、文书、流程等各方面的控制，实现对系统使用、司法办案组织、办案期限、权利保障等全方面监控。

2. 丰富监控类型，增加类案监控。一是类案生成智能化。以受理时间、案件类别、监控规则、案卡条件查询出的案件，批量选择案件，一次性批量生成流程监控案件。二是类案监控发起批量化。可对多个案件做一份“流程监控通知书”或流程监控通报，文书可以挂到所有流程监控案件中，对多个监控案件实现批量监控和通知结果。部门负责人可处理反馈意见，生成以部门名义的“流程监控反馈意见”。三是新增自定义规则。可以对某类特定的案件根据业务需要进行自定义规则配置，实现更多类型的类案监控。如对“民事生效判决、裁定、调解书监督案件”1 年以上未结的，是否制作“中止审查决定书”进行类案自定义监控。

3. 构建纵横一体的监控体系。一是横向探索全院全员全程监控体系。对案件的流程监控不仅是案件管理部门的工作，也是部门负责人、检察长的职责。《关于加强司法权力运行监督管理的意见》要求“明确检察院检察长、业务部门负责人的监督管理权限”“行使监督管理职责的时间、内容、节点、处理结果等，应当在办公办案平台上全程留痕、长期保存”，通过完善监控平台，横向上探索全院全员全程监控体系。二是纵向开展敏感案件上下联动监控。针对同体监督同级监督缺陷而产生的不敢监督、不愿监督、选择性监督问题，将重点敏感问题、院领导办案问题，上提一级开展监控，上下级检察机关高效的联动监控预警，让预防更及时，监控处理效果更佳。

（三）完善流程监控配套机制，织密内外互联的案件管理网

1. 完善配套规则体系。《监控规定》是流程监控的专门制度规定，在该制度的基础上，制定相关配套制度规定，明确监控的发起和反馈流程、流程监控推送质量评查情形、监控问题对检察官绩效考核的具体影响、认定监控发现问题对检察官绩效考核的加分等，形成完整的执行制约机制。

2. 对内实现与质量评查、检察官业绩考评有效衔接。将流程监控结果推送到质量评查模块作为对同一案件的评查依据。对于严重程序违规的案件，流程监控模块可形成待评查重点案件，在案件被质量评查时同步流程监控情况，完成评查后反向同步该案件的质量评查结果到流程监控模块。将流程监控的结果推送至检察官业务考评模块对应的项目，供考评时使用。

3. 对外实现政法协同互联。定期比对侦查机关移诉数据与检察机关受理数据，排查案件受理是否存在遗漏、迟延，甚至超期羁押等问题；比对起诉罪名与法院判决罪名，再与检察业务应用系统中“诉判不一”明细进行比对，排查推送不一致数据；比对检察业务应用系统与法院系统无罪案件，排查推送差异数据；抓取法院案件立案日期，计算审理期限，推送法院审理超期监督线索；比对检察业务应用系统与司法行政机关系统中关联数据和矛盾数据，排查推送刑事执行监督线索。

（四）搭建智能化、指引型、实质化、可移动监管平台

1. 智能化。主要是流程监控问题推送精准化、问题处理自动化。要善于将零散的监控规则转变为成体系的标准化规则，要尽可能地将办案行为拆解细化为可知、可感的数据形式，通过业务场景进行数据验证和规则优化，构建形成可推广、可复用的智能化监控

规则模型，从而建立标准化的监控规则体系。让流程监控系统尽可能多地学习监控规则、积累监控问题等各种基础数据，在此基础上进行有效的分析预测，使流程监控推送的问题越来越精确、越来越科学。在问题的处理上，系统能自动判断问题的严重程度，对于轻微问题，直接生成口头监控；对于严重问题，智能化生成监控文书，待监管员处理，实现监控问题处理的自动化。

2. 指引型。与智慧办案平台结合，做到办案流程事前指引、监管信息及时提醒。“无论承办检察官或是检察辅助人员办案经验如何，系统会根据当前案件的案卡填录、文书拟制、流程节点等情况进行校验，智能提醒承办检察官应当及时办理的各项事务性工作，将问题解决在萌芽状态。”① 伴随着案件受理、案件办理、案卡填录、流程推进，实时提示引导，便于检察官根据指引规范办案流程、准确填录案卡。

3. 实质化。从形式化监控变为实质化监控。一方面，增加文书使用监控功能。对文书内容进行识别，将空白文书、用印后又删除的文书推送流程监管员进行审核；对文书落款日期与文书拟制日期进行自动比对，将日期倒签文书推送流程监管员审核；对“起诉书”等法律文书进行罪名对应法条、法律法规全称简称等智能校验，实现文书智能纠错；利用文字识别技术，对回传的签收版法律文书的执行情况、诉讼权利保障情况进行监控，对办案行为是否实施开展有效监控。另一方面，新增智能化场所监控。对讯问室、认罪认罚室、律师接待室等检察机关内部工作场所进行智能化升级，通过案件申请进入场所，依托人像识别、声音识别等技术，自动监控讯问主体是否合法、有无不当进行诱导性发问、是否保障嫌疑人核对笔录权等程序问题。场所智能化系统自动识别出问题后，推送

① 徐彬：《深耕统一业务应用系统的路径》，载《人民检察》2018 年第 20 期。

至流程监控平台，由流程监管员进行人工审核处理。

4. 可移动。流程监控不再受到时间、地域、平台的限制，实现可移动全天候监控。近期实现移动端问题接收：将检察业务应用系统内流程监控期限仅剩 1 日的预警信息向检察官、监管员移动手机相关软件内推送记录，便于办案人员、监管人员实时查看监控信息；将超期信息向检察官、监管员、部门负责人、分管检察长推送，便于各岗位更好地发挥案件监管作用。远期实现移动端问题处理：对于保障当事人权利的预警或超期问题，可以通过电话或视频的方式，实现远程告知；在移动办案功能实现后，检察官远程发出相关文书制作指令后，实现智能文书开具功能，预警问题远程处理，避免超期情况的发生。

科学管理理念的证立及内在关系的协调

林　强*

目　次

一、检察案件管理实践中的偏差分析

理念是行动的先导，是指引行动具有内在逻辑关系和清晰指向

---

* 林强，天津市人民检察院案件管理办公室副主任、四级高级检察官。

的观念组合。检察案件管理工作水平由检察案件管理理念的水平决定。检察案件管理中出现的问题，均是理念认识不全、不深入及偏差性认识导致的。在现代化案件管理阶段，检察机关对检察案件管理的认识由感性到理性，再到理念丰富发展，对抓管理的必要性达成了共识。从自上而下抓管理，到院内规范抓管理，抓案件管理的意识和能力水平提升，案件管理工作取得积极成效。特别是近五年来，检察案件管理逐渐进入现代化管理水平稳步提升阶段。但是管理中的认识不足和管理偏差仍然不容忽视，对管理理念的研究还有待进一步加深，这实际上也是检察工作不断发展适应的过程。

（一）理念不端正

检察案件管理背后是法治观、监督观、人民观，如果政绩观错误就会导致管理理念的偏差，对检察权依法公正规范运行具有危害性。进入新时代后，人民群众对民主、法治、公平正义、安全、环境等有新的更高要求，这要求检察机关及时更新管理理念，特别是深刻理解“量的合理增长，质的有效提升”的丰富内涵，从而提高管理对公正质效的促进作用。但是有的基层检察机关还停留在以规模数量作为政绩体现的阶段，存在“唯指标论”现象，片面强调指标管理，盲目追求政绩“GDP”，机械追求竞争性指标排名的上升，忽略了指标背后的价值导向，使得指标的管理在一定程度上偏离了高质效办案的目标要求。在错误的政绩观引导下，将强化管理作为体现领导权威的方式，机械地把握管案与管人的关系，将案件管理中的考评结果简单与绩效考核挂钩。此外，检察案件管理的理念是系统性集成，不仅仅包括指标管理，如果片面强调其中一个方面，追求短时间内解决“标”的问题，也会导致实践中的偏差。比如，对于办案数量的考核，在“唯指标论”的影响下，基层院存在层层加码的“数字冲动”，有的甚至在错误的政绩观下采取技术性规避、数据造假等反管理的方式应对管理。在具体指标的应用上存在科学性不足，机械地看待指标，如“案－件比”对于提高诉讼效率，减少不必要的办案环节具有重要意义，但是追求极值就会产生实践的偏差。有的基层检察机关盲目追求更低的“案－件比”，不区分不同业务属性、不同业务发展阶段的实际情况。在“案－件比”作为中性指标后，有的检察机关“变通性”地限定“案－件比”的区间范围，有的通过人为扩大取保候审适用的方式降低“案－件比”，这种反管理的现象降低了该指标的适用效果，群众对案件办理的质效没有直观感知。这些问题的出现都是认识层面的。认识不全、认识有偏差，就会导致管理中出现偏差。检察案件管理整体发展过程，客观上要求从“有没有”向“好不好”转型升级。管理理念的滞后，就会导致管理的内卷效应，内部管理的效能无法保证，同时也影响了人民群众对公正的感知。

（二）将管理等同于执行

违背检察工作规律和检察工作实际情况，将检察案件管理视为行政管理方式的延伸，认为“管理就是执行，管理就是落实”，并且主张管理的关键问题是执行和落实。这种认识忽视了管理决策的科学性，缺乏对管理目标的科学论证。在这种理念指引下，管理中的业绩考评与业务质量评价等同，而且业务质量评价很大程度上异化为数字考核，并以量化计分和排名来实现。此外，检察案件管理是“双向度”的，是集评价、反馈、修正和提高为一体的动态过程，强调调动被管理对象的积极性，激发其自我管理意识，尊重检察官的独立判断权。如果不注重被管理对象的实际情况，或者不注意调动被管理对象的积极主动性，则管理的效能无法得到保证。

（三）管理方式与目标背离

管理方式服务于管理目标的实现，两者之间是工具和目的的关系。以往，对管理手段的认识在某种程度上代替了管理目标，这种错误观念导致了实践的错位。比如，为捕后不诉率、有罪判决率、改判率等设定不切实际的比率要求，追求“零差错”的管理目标，对一线办案人员客观公正办理案件造成干扰，形成对指标的不正常偏好，进而导致法律程序适用的扭曲，违背立法宗旨和法律规定的精神要求。管理的价值回归，就是明确管理的手段价值，强调管理的目标是促进高质效办案。此外，检察办案以追求公正为基本价值追求，对实现公正的方式一直处于深化认识的过程中。只有正确把握两者之间的辩证统一关系才能真正发挥案件管理的正向作用。

二、科学的检察案件管理理念的确立

明确了检察案件管理的功能，才能研究和确立正确的管理理念。检察案件管理的功能导向和要求又有所侧重和不同。

（一）检察案件管理的功能分析

1. 从管理的流程角度进行区分。完整意义上的检察案件管理包括决策、计划、组织、指挥、协调、控制、监督、指导、评价、考核等方面，是全链条、综合式、内在循环的功能体系，具有综合性、动态性的特征。通过对检察资源进行优化配置，从横向管理和纵向管理两个方面，提升管理的执行效能，确保检察工作整体性、统一性、协调性。

2. 从职能发挥角度进行区分。包括监督和服务职能，监督职能包括实体监督、程序监督和数据监督。服务职能包括服务科学决策、服务司法办案、服务诉讼参与人、服务人民群众。宏观上，落实党的政策、司法政策、检察政策，将服务大局、为民司法的政治要求。中观上，强调检察工作高质量发展，检察权依法独立公正运行，检察监督制约有力，检察公信力有保障。微观上，对检察监督办案质量、效率、效果进行评价。职能发挥的基础是对人的管理，也就是通过提升素能，提升目标落实能力。

3. 从管理的对象进行区分。包括对检察机关的上下一体化的系统性管理，和横向一体化的模块式管理。检察机关上下一体的业务统筹管理，应当注意共性和个性的区分问题，打造上下一体但是又体现不同侧重点的要求。司法责任制改革之后，横向一体化很重要，内部职权的细化离不开职权运行上的协同配合，如此才能提升内生型检察生产力。检察机关横向一体化和纵向一体化，都要求案件管理部门发挥枢纽作用，承担起协同职责，实现统筹、督导、协调、机制建设等。此外，还可分为对人的管理和对业务的管理。对人的管理通过对检察官进行科学合理地调配使用，间接地实现对检察活动的规制，通过惩戒程序等发挥警示作用，确保检察权始终在合格检察官的手中行使。对业务（办案、监督、治理）的管理不仅包括微观上对个案办理程序、标准、合法性等进行监督、审核，对发现的不法行为及结果进行纠偏，还包括宏观上对检察业务整体质量、趋势、状态、功能期待等进行分析、评价，为检察业务决策提供依据，以及引导检察参与治理。

（二）从认识偏差启发科学管理理念的证立

过去，由于对检察案件管理的认识不全、认识不到位，以及对管理的内在规律性把握不足，导致管理理念存在偏差，科学性不足。科学的检察案件管理理念是在纠正偏差性认识中逐步探索提高的，同时也是在调研中不断修正的。管理理念是多维度综合性理念集合，指向四个方面：管理目标设定、对待管理态度、管理方式、管理中的评价。

1. 目标管理。检察案件管理是以实现一定的目标开展的管理。目标管理是检察案件管理的基础性问题，是实现对“管理的管理”的前提。目标管理必须坚持正确的政绩观，也就是在坚持实事求是、遵循客观规律的基础上设定目标任务。目标设定的合理与否，是决定案件管理科学性的关键性问题。从管理学角度来看，管理者首先要学会自我管理，坚持正确的政绩观设定管理目标，端正监督的动机。按照办案、监督、治理行为对检察业务进行区分，三者分别对司法公正、监督质效、治理效能等分别提出不同的管理要求，这是实现目标管理的价值导向。从检察权运行角度来看，落实司法责任制要求，确保“放权到位，控权有效”，优化检察权配置，提升对服务保障国家政策目标和为民服务的能力水平。从微观角度来看，追求办案质效提升，实现办案质量、效率、效果有机统一，监督规模和结构在符合实际的基础上稳步提升，让人民群众可感受、能感受、感受到公平正义。

2. 质效管理。检察案件管理最终以办案质效作为验证标准。以办案质效为核心促进检察生产力的提高，以高质效管理促进案件办理的高质效，以提升管理促进检察生产力提高。在数据监督、流程监控、案件质量评查等方面，都应注意建立标准和指引，确保检察权运行的规范化。质效管理越来越强调对办案质效提升的指向。因此，考评体系的价值和功能，要以实现办案的质效为目标。如天津检察机关长期坚持将不捕率作为中性指标评价，不设定上限、下限，而是综合运用多个关联指标进行组合评价，结合某地区公安机关的报捕率、法院对逮捕案件的量刑情况等综合分析某地区不捕率是否正常。在监测全市各院不捕率运行情况时，着重提示要结合案件实际、刑事司法政策和社会治安形势，对不同罪名案件作出客观决定，引导全市检察机关依法正确履职。

3. 实质化管理。坚持实质化评价业务工作质量，反对单向度、单一指标评价，采取定性和定量相结合的综合评价方法对业务质量进行评价。实现实质上的管理，要注意要对检察业务实质质量进行评价，不能仅仅关注形式上的指标，而是要关注业务工作实质，也就是办案真实质量和效果、法律适用的精准性等。比如，适用认罪认罚从宽制度，关键是保证认罪认罚的自愿性、真实性，以及量刑建议的合法性、恰当性。数量等竞争性指标排名、适用比率只是参考，不是管理的目标，防止管理的逻辑与业务工作的逻辑断连。比如，对于不捕不诉率，不是越低越好，也不是越高越好，关键是要对适用中的办案质量问题予以关注，对特殊情形要有合法合理的把握，以体现依法规范合理行使检察权的要求。此外，在案件管理模式上，应从“诊病式”案件管理向“治病式”案件管理模式转变，推动检察工作整体走向高质量健康发展态势。对于长期处于落后状态的问题顽疾，检察长应当主动发挥带头示范作用，主动上手确保组织到位、督促解决到位；上级检察院承担起检察一体化的责任，提供精准帮扶，形成上下齐抓管理的氛围。

4. 正向管理。正向管理包含对业务（办案、监督、治理）的管理和对人的管理两个方面。对业务的管理反对偏离实际的指标异化，而是对管理对象的质效评价进行全面、动态、实事求是的评价。对业绩的评价摆脱“多和少”“高和低”等简单的单向度评价以及横向的“数字攀比”。比如，对案件数量的考核，有的业务单纯强调数量就是机械式考评，有的案件数量实质上却是办案质量的体现。在深入调研的基础上，充分把握业务属性，对有的业务设定数量考评指标，如果能促进办案数量上升，而且这些案件质量有保证，这就说明指标设定合理，实现了正向管理。对检察业务工作的评价，应改变过去行政式考评方式，建立起以“达标率”和“贡献率”为核心的动态绿色评价体系，发挥正向反馈效应的作用。只要符合绿色发展态势，业绩在合理空间内向上发展，就认为是绿色发展。例如，在监督规模上，不搞数字攀比，在符合监督实际的基础上进行有力有效的监督，工作状态就是绿色状态。对人的管理强调尊重办案主体的独立判断地位，杜绝行政式管理中的“上命下从”，寓管理于服务。要求建立完善的管理责任体系，特别是办案主体的“自我管理”意识是未来检察案件管理的重点关注方向，需要提供充足有效的手段，并通过数字化技术辅助的方式，促进自我管理意识和自我管理能力的提升。

5. 能动管理。在管理方式上提升主动性，在管理目标上发挥价值引领作用，服务党和国家中心任务，落实为民司法理念要求，强化对国家政策目标、司法价值理念、检察权能发挥的促进作用，推动案件管理向检察业务治理的转变。比如，在对检察工作新职能及创新探索履职中，在“做起来”的发展阶段，对数量和规模的要求，就是能动管理的体现，要注意工作的规范性，不能违背法律和司法工作基本规律。以公益诉讼检察为例，如果某院在办案数量和办案质量上都处于较低层次，则该项业务工作就属于一般化水平。在做起来以后，要实现“有数量的质量，有质量的数量”，而且要更重视质量和效果。

三、 科学的检察案件管理理念的关系协调问题

（一）理念与理念之间的关系

检察案件管理理念指引整体检察工作开展，是具有内在协调性结构的系统性观念群，片面强调其中某个方面都背离科学管理理念。目标管理是科学管理的基础，科学合理地设定管理目标是管理质效的前提。在开展案件管理工作中，要及时校正偏差，防止管理

方式与管理目标背离。质效管理要求建立在规范管理的基础上，管理不能脱离司法规律、检察权运行规律，要以满足更高水平的司法办案为基本遵循。实质化管理，实际上是实现目标管理和质效管理的抓手，脱离了实质化管理，目标管理和质效管理都不能落地，都会导致实践中各种反管理现象的出现。正向管理解决管理方法的科学性问题，也就是在正确的目标指引下，如何正确地实现管理的问题。当前，要注重发挥好正向管理的激励作用，促进办案部门和检察官的自我管理意识的强化。能动管理是国家治理理论指引下的管理升级问题，体现了管理水平，是目前科学管理向前发展的方向。

综上所述，目标管理是基础、方向，质效管理是新时代新征程检察机关目标管理的内核，实质化管理是基本要求，正向管理是科学管理手段，能动管理是未来方向。质效管理是检察案件管理的内核，在所有理念中居于基础性地位。所有的管理措施都应服务于严格依法、公正司法，离开这个内核，所有其他理念和方式的正当性基础将不复存在。

（二）宏观管理与微观管理的关系

检察案件管理服务检察权依法公正高质效运行，宏观管理和微观管理是内在有机组成部分，两者不可割裂偏废，关键是要明确管理的重点方向。宏观管理是对检察工作整体运行态势进行把控，从而引领检察业务工作绿色高质量健康发展。通过对数据指标运行态势的分析，对司法政策、检察政策落实情况以及重点领域（数据指标异常、区域发展相关、人民群众普遍关注）等进行专项调研的方式，提出调控对策建议，防止检察业务发展方向跑偏和结构失衡。微观管理主要是通过个案的管理，促进司法责任落实，确保个案公正办理。通过案件评查，包括优秀案例评选和负面案例评查，发挥正向和负向的激励鞭策作用。评查注重对办案的政治效果和社会效果进行评价，从而引导办理更高水平案件。宏观管理与微观管理都是检察案件管理的重要组成部分，两者相辅相成，共同促进检察案件管理整体现代化水平。宏观管理是要求从院整体层面进行调控，更加强调科学分析能力水平，特别是要立足司法规律和检察业务发展实际，不能脱离实际搞指标异化。既要发现宏观上以及潜在的苗头性倾向问题，又要注重机理的研究。重视对刑事司法政策落实的具体内容进行监控，提高业务管理在办案质效上的导向效应。在落实宽严相济刑事政策中，要根据具体业务领域和具体案件类型进行研判，防止在实际落实中失衡失度。比如在监测不捕率运行情况时，要结合案件实际、刑事司法政策和社会治安形势进行判断，引领检察官对不同罪名案件依法客观作出决定。

（三）指标内与指标外的关系

科学管理理念要求树立“绿色指标体系”，在绿色发展理念指引下，秉持正确政绩观设定工作目标，发挥数据指标的实质导向作用，采用科学标准和方式评价指标运行状况，引领检察工作保持科学发展态势。一是指标设定秉持正确政绩观，尊重司法规律、立足办案实际，体现对检察权运行的正确引导作用。结合实际，从数量、质效（规范、效率、效果）、工作层次、能动性（创新、突破、价值引领）四个维度综合考量具体业务指标设定，并结合一定时期本地区社会治安形势、工作发展阶段等，确定指标的“绿色”合理运行区间，推动检察工作健康发展。二是采取科学的标准和方式评价指标运行情况，反对单纯以名次排位评价工作，以实际上存在的问题为起点，以实际的发展层次为维度，采取“达标率”和“贡献率”的方式进行整体系统评价，以正向动态的评价体系激励创新竞进、担当作为，推动检察工作向上发展。三是提升检察业务治理能力水平，追求业务运行“橄榄型”结构，不追求不切实际的极值，反对脱离质效的“唯指标论”，推动检察工作科学发展。此外，是指标外的管理问题。不可能所有的案件质量衡量指标都进入案件质量主要指标体系之内，检察业务分析研判和会商对于没有进入案件管理指标的仍然要予以关注，结合案件管理指标进行综合分析判断，实现业务质量的全面综合、动态实质性的评价。检察工作要全面发展，一定是指标内和指标外的各项指数的均衡健康发展，这是检察工作科学发展的内在要求和体现。关注指标外的案件质量问题，往往还能够发现在检察业务中隐而不显、觉而不动的苗头性、倾向性、顽疾问题，对于正确把握业务质量发展趋势，查找指标异常背后的原因等具有重要作用。

以构建多维一体案件管理矩阵推进检察业务管理现代化

赵　奎　王嘉琪*

目　次

* 赵奎，内蒙古自治区通辽市人民检察院案件管理办公室主任；王嘉琪，内蒙古自治区通辽市科尔沁区人民检察院综合业务部副主任。

加快推进新时代检察业务管理现代化是检察机关当前及今后一个时期面临的重点任务，是检察机关实现“高质效办好每一个案件”基本价值追求的必要路径。案件管理部门作为检察机关的业务管理中枢，应当思考推进检察业务管理现代化要如何发力，积极探索如何以案件管理的一体化带动检察业务管理一体化的运行机制，最终形成统一指导、统一监督、统一协调的现代化检察业务管理新局面。

一、新时代检察业务管理现代化的内涵及一体化机制作用

《最高人民检察院关于加快推进新时代检察业务管理现代化的意见》指出，检察业务管理是中国特色社会主义检察制度的重要组成部分，是强化检察权运行制约监督，全面准确落实司法责任制，推动检察权公正、规范、高效、廉洁运行的重要保障机制。由此得出，新时代检察业务管理现代化的三点重要内涵：一是检察业务管理是我国检察制度中必不可少的一部分，必须遵循中国特色社会主义道路，从政治上着眼，从法治上着力；二是检察业务管理对检察权运行具有正反双向规制作用，需要坚持目标导向与问题导向并举，以检察业务管理全面推动“四大检察”全面协调充分发展；三是新时代检察业务管理与时俱进，要以检察管理目标、管理理念、管理原则、管理主体、管理方式、管理保障的现代化助推检察工作的全面协调充分发展。

检察业务管理现代化是顶层设计，检察业务管理一体化就是推进这一顶层设计的机制保障，两者辩证统一、相辅相成。建立健全检察业务管理一体化机制对推进检察业务管理现代化具有十分重要的意义。首先，我国检察上下一体组织形式决定着检察业务管理必须一体化，一体化业务管理是检察业务管理现代化的基础；其次，

司法责任制改革后，在“四大检察”格局下，只有建立一体化的检察业务管理机制才能充分贯彻落实《中共中央关于加强新时代检察机关法律监督工作的意见》，助推检察监督合力的形成；最后，人民群众对公平正义的要求期待日益增强，“高质效办好每一个案件”成为现代化检察业务管理的目标，而一体化业务管理机制是抓牢“高质效”重点、突破“每一个”难点的实践路径。

构建多维一体案件管理矩阵是案件管理部门全面落实检察业务管理一体化机制的具体思路，可以起到衔接上下级检察院之间、同级检察院案管部门之间、各业务部门之间、各检察官办案组人员之间的重要作用。作为检察工作的一项重要内部监督机制，案件管理紧跟各项检察工作一道加快推进现代化，是法治轨道上全面建设社会主义现代化国家的必然要求。因此，案件管理要随检察业务管理一同建立一体化运行机制。

二、 检察业务管理运行现状考察及一体化机制难点分析

最高人民检察院领导地方各级人民检察院、上级检察院领导下级人民检察院确立了上级人民检察院与下级人民检察院之间的领导关系。人民检察院检察长领导本院检察工作，人民检察院副检察长协助检察长工作，检察官在检察长领导下开展工作，是人民检察院内部人员的组织管理关系。案件管理部门是检察机关设立的专司检察案件管理的部门，是检察业务管理的中枢。以上是检察业务管理理论基础，基本管理架构虽然清晰，但仍需完善。《2023—2027 年检察改革工作规划》提出，要完善检察机关司法体制综合配套改革制度体系，全面落实司法责任制；要构建现代化检察管理制度体系，推动检察权规范、高效、廉洁运行。规划还明确指出要坚持系统集成原则，一体涉及、一体部署、一体推进，为检察业务管理改革的协调高效、纵深发展指明了方向。

实践中，通过调研发现各级、各地检察院的检察业务管理水平存在差异，根本性问题是一体化机制没有建立健全，主要原因有以下四个方面：

（一）检察业务管理体系未形成多维一体运转

“谁来管”是司法责任制改革后需要明确的首要问题，上级检察院对下级检察院、检察长及检委会对全院、案管部门对业务部门是检察机关业务管理中的三对管理与被管理关系，没有实现全员参与管理和全员被管理的全覆盖格局。特别是员额制改革以来，“放权”与“管权”把握不准，部门负责人对本部门、本条线的管理弱化，主办检察官、独任检察官对办案团队人员的管理缺位等问题凸显，人民监督员、听证员等外部主体监管参与度不强，检察业务管控体系中缺少必要环节，导致纵向一体化管理不够有力，横向一体化管理不够紧密，内外一体化管理不够完善。

（二）检察业务管理对象未形成多维一体监管

检察业务管理“管什么”，管的既是案件也是人员，管案和管人应当是相互作用、一体推进的，最终目的是努力锻造堪当时代重任的过硬检察队伍实现“高质效办好每一个案件”目标。实践中，有的检察院将管案和管人分离，管人部门的政治部、检务督察与管案的案管部门之间缺乏联系沟通，案件管理中发现的问题没有定位到人员的问题，管人的导向也没有服务于检察业务；有的检察院将管案与管人混同，将评价指标结果直接应用于对检察人员的考核，各类检察业务水平提升和人才培养没有同步进行。

（三）检察业务管理视角未形成多维一体闭环

检察业务管理体系庞杂、千头万绪，检察机关管业务要“怎么管”。总的来说，检察业务管理视角分为宏观管理和微观管理，只有将宏观管理和微观管理融为一体才能实现全面管理。实践中，部分检察院和业务条线将宏观管理只局限于对评价指标的排名监控，缺少对检察业务数据的深度分析和提前预判；有的检察院业务部门分管领导、负责人对个案的实体和程序疏于监督，案件管理部门对于业务流程监控、案件质量评查等基本职能履职不到位，宏观内部监督管理功能未能充分发挥。从宏观到微观，从微观再到宏观的一体闭环管理思维需要加强。

（四）检察业务管理保障未形成多维一体升级

检察业务管理的现代化不仅体现在管理理念和制度的现代化，还要配套一系列现代化管理软硬件才能“管得好”。实践中，有的检察院的检察业务管理能力跟不上检察业务办理能力，管理人员能力没有技高一筹，找不出办案问题所在；有的检察院业务管理手段未进行智能化、信息化迭代升级，事多人少的矛盾凸显，无法实现高质效监管“每一个”案件。

三、构建案件管理多维一体矩阵的实践路径

检察业务工作的中枢是案管办。因此，检察机关可以利用案管部门的专门管理带动其他维度的业务管理，畅通各管理主体间的衔接渠道，互相补足、多方共赢，构建案件管理多维一体矩阵，在促进“四大检察”全面融合充分发展方面开展积极的实践探索。

（一）从上下一体维度着力，统一思想、聚力干事

市级院案管办充分发挥承上启下、组织领导的关键作用，各基层院案管办服从指挥、脚踏实地做好基础性作用，各级院“上下一体”才能凝聚最大力量。

1. 强化党建政治引领，形成高效工作制度。创建业务管理党建品牌，形成以党建促业务、以业务强党建的上下联动工作思路。党支部推行“周一例会 + 三会一课”制度，每周围绕贯彻落实党中央、政法机关、检察机关的新部署安排学习工作任务，针对群众反映和工作中发现的重点难点问题开展专题探讨，推动支部“三会一课”合力谋划攻坚。市级院实行“月视频调度 + 季实地走访”条线指导管理制度，通过日常督促和定期检查，抓实理论武装、抓活管理工作、抓严教育管理。

2. 明确案管联动机制，实行业务分级主抓。案管解决“事多人少”的举措之一就是坚持队伍一体使用，业务各有侧重。市院主导统筹全市案件质量评查、流程监控、统计核查、业务分析研判、信息化工作；两级院案管办建立专项案管工作党员包联机制，合力完成重点专项任务。如市院统筹的案件质量评查工作，一方面构建上下联动分工配合机制，规范“基层院和市院条线自查 + 评查领导小组复查 + 检察长或检察委会确认”的流程，审慎确定评查结果，树立案件质量评查的权威性；另一方面构建“内外协同”评查模式，合谋一体化区域互助方案。市院案管办主导，推进全市范围内监督检察办案“内循环”，自治区范围内畅通监督检察办案“大循环”。

3. 完善条线考核机制，双向激发条线活力。在正向激励方面，市院案管办在制定对下考核方案时加入了“一体化参与度”加分项目，对完成指定任务或助力两级院案管发展的基层院案管办条线在考核时予以加分，对个人出具表扬信、评选“党员先锋岗”联系所在院予以年度考核加分，激发基层院案管集体和人员的职业进取心。在惩戒预防方面，制定案管岗位风险防控制度，建立问题及时上报处理和“微提醒”机制，将案管队伍纪律作风建设和公众形象管理作为案管队伍自我管理的规定动作。

（二）从横向一体维度着力，多方共管、协同发展

各级院要充分发挥案件管理部门“检察业务中枢”作用，畅通各案件管理主体间的衔接渠道，积极推进案管部门专门管理、业务部门自我管理和院党组、检察长宏观管理的横向一体化管理合力，互相补足、多方共赢。

1. 充分发挥数据引擎作用，明确各方宏观管理职责。开启检察业务数据“日巡逻、周提醒、月预警、季调度”监管模式，统计员每日利用统计系统“案件信息传递审核”功能和“数检通”工具对案卡进行审核及提示，保证数据准确性；案管办每周联合各业务部门数据联络员审核重点报表项目，对主要数据进行点对点核对；案管办每月月末对评价指标落后项及异常数据项进行重点预警，各业务条线发挥主观能动性，由分管领导和部门负责人每月自主调度；每季度检察长主持召开业务数据分析会商会，对两级院数据进行全面调度、专项通报和专题分析，保证业务数据不掺假、数据调度全参与、领导决策有依据。

2. 加强个案实体程序监管，优化案件微观管理路径。首先，案管办要强化监督管理职责，巩固“四个统一”机制建设，即进出口管理必须统一、案件分配流转必须统一、案件流程监控必须统一、案件质量评查必须统一，畅通个案从案件受理环节开始到案件办理结束开展全流程闭环监管。其次，督促各部门领导在个案审批中履行监督管理职责，案管办联合技术、检务督察部门开展司法责任制落实情况专项督查，重点监管各院、各业务部门的办案系统审批权限是否按照权力清单要求配置运行，明确各业务部门主任、分管领导及检察长的审批范围，督促业务部门依权开展自我监管。最后，每月对两级院院领导办理案件情况及主持听证情况进行全市通报，对于未达到办案比例、办理负面清单案件及未主持听证的入额院领

导进行点名式通报，通过抓住领导干部这个关键少数，督促各部门强化对疑难、复杂、新类型等个案的示范及监管。

3. 聚焦内部监督线索管理，强化融合发展导向。内部监督线索数量和质量的变化是检察机关能否全面协调充分发展的“试金石”，案管要率先做到“三个主动”。首先，案管办要主动传递一体化监督理念，牵头组织学习培训，转变各业务部门、各基层院纠正“单打独斗”式的监督惯性，统一思想、统一行动，凝聚上、下级院和各业务条线的法律监督力量。其次，案管办要主动研究制定内部线索一体化关联制度，坚持监督线索全过程、全要素、全链条的多维管理原则，建立线索统一移交、信息共享联席、监督线索分析等关联制度，全面提升案管对线索接收、移送、督办、反馈、统计、分析、通报等环节的作用。最后，案管办要主动先行先试，促进一体化制度落地。面临一体化监督思路打不开、步子迈不开的实践问题，案管办在收送案管理、流程监控、案件质量评查等日常工作中可主动发现法律监督线索，再移送关联单位和部门继续办理，充分发挥案管部门在推动检察一体化监督机制中贯通上下左右、有效联络各方的价值。

（三）从内部一体维度着力，创新整合、高效履职

案管工作事务繁杂，再加上内设机构改革后，基层检察院案管与其他业务部门整合，事多人少问题突出，亟须整合岗位间职能、创新案件管理方式、借助信息化手段，共寻破解之道。

1. 优化案管岗位职能，构建全员全能监管格局。案管部门要将流程监控工作与收送案审核、业务数据质量核查、案件质量评查等各类监督管理业务创新整合，紧盯关键人员、关键环节、关键岗位，案管办各个岗位人人都是流程监控员，对“四大检察”实行实时监控、定时监控、定量监控、分层监控。此外，案管要引导院领

导、条线负责人、部门负责人参与到流程监控工作中，在文书审批和日常案件研讨中对分管案件进行监管，建立业务部门向案管移送流程监控线索制度，共同提高监管效果。

2. 挖掘报表数据资源，智能化批量发现监控点。数据监管主要有数据审核、流程监控、数据质量核查三种方法。一方面，案管办每日使用“数检通”软件开展自动化监控巡逻，督促业务部门及时整改，用好、用足智能化监管软件。另一方面，利用统计员人才库资源，充分挖掘统计库中的检察业务数据可用项目，主动筛选、对比、碰撞出新的流程监控点，不断补足智能化排查规则，提升案管批量发现流程监控线索的能力，帮助业务部门及时纠正程序性问题。

3. 归纳可去人工化项目，创新信息化工作方式。县、市级检察院除在充分应用上级院引进的智能化软件外，还要根据基层院工作需求共同研发、测试、应用信息化项目，开发小成本但好用的智能化管理工具。例如，内蒙古自治区通辽市检察院在信息公开方面自主研发“程序性信息推送”服务平台，着力解决律师往返检察院或重复打电话查询案件程序性信息的问题；在服务律师阅卷方面，自主研发“自助服务终端机”，为律师提供了“网上办理＋现场办理＋邮寄办理＋异地办理＋自助办理”的多渠道阅卷方式；在听证工作方面，开发“听证员抽选程序软件”，可以随机抽取听证员，自动统计听证工作方式，提高工作质效和降低人为干预；在协助查询违法违纪线索方面，依托检察内网开发“涉案信息查询系统”，可实现涉案记录的批量查询及结果自动导出，改进了过去人工查询费力、不精准、不规范的问题；在业务数据分析研判方面，打造“检察业务综合分析服务平台”，融入大数据、人工智能技术，实现业务数据的自动导入、融合、拆分、排序、分析，案管部门一键生成评价指标分析研判报告，业务部门和院领导直观了解指标变化和精准定位异常案件。

（四）从内外一体维度着力，加强联络、督促落实

谁来监督监督者，是检察机关的必答题，各级检察院都要高度重视外部监督和自我监督一体推进，案管办对外联络人民监督员，建立听证员库，对内与检务督察开展联合式监督，坚持监督意见引进来、检察理念走出去。

1. 主动沟通协作，提升外部监督能力。各级检察院要健全外部监督制约机制，制定符合各院实际的检察机关办案活动接受人民监督员监督实施细则，市级院案管办要联合司法局开展新任人民监督员培训，对检察业务各项职能和相关规定进行详细讲解，积极订购法律书籍，推送检察动态、典型案例，增设人民监督员办公区配齐硬件设备，积极提供监督事项查询服务，定期召开交流座谈会，以相互学习交流等方式，让人民监督员深入了解检察办案活动和掌握正确履职能力，培育敢于监督能力、善于监督能力。

2. 积极筹措资源，组建专业听证智囊。案管部门要做好听证库的构建和管理工作，充分调研各业务部门需求，通过人大、政协、机关单位、社会团体等部门推荐、个人报名、资格审查等环节，聘任匹配当地办案规模和类型的专家、学者、企业家，建设标准化听证员库。此外，各地要制定细化的听证工作管理办法，规范听证员参加听证的案件类型、听证员管理方式、履职费用保障等相关内容；设立听证员办公室，安排专人负责听证工作，划拨专项办公经费，配备相应硬件设施，保障经费支付和办公条件。

3. 双向贯穿联络，促进监督意见落地。案管办要发挥桥梁纽带作用，开展监督活动前，案管办负责人民监督员和听证员的抽选、联络工作；业务部门负责和人民监督员、听证员进行充分沟通，提供基本案情、争议焦点、适用的法律法规等情况；开展监督活动

后，案管从中监督“双向”反馈制度的落实情况，对监督活动进行总结，不断改进外部监督流程，提升外部监督质效，积极培育精准监督能力。

4. 贯通内部监督，抓牢司法责任制。全面深入贯彻落实最高检《人民检察院案件管理与检务督察工作衔接规定》，制定本地执行细则，明确案件管理与检务督察就案件业务数据共享、召开联席会议、联合监督问责等方式达成共识，构建“线索移送 + 查办反馈”完整流程，强化“问题通报 + 有效整改”压实责任，实现“常规监督 + 重点督察”全面覆盖。

（五）坚持队伍一体培养，以人才品牌促能力建设

案管工作基础在“人”，关键也在“人”。现代化检察工作背景下，从事案管工作人员应当具备政策把握、法律适用、数据统计、分析研判、流程监控、质量评查六大能力，案管人才培养和队伍建设需要案管条线一体抓实。

1. 培养案管后备青年人才，打造“案管青训”品牌。针对 35 周岁以下青年干警采取抽调市院、选送上级院方式，按照统计岗、流程监控岗、案件评查岗、分析研判岗、日常管理岗分类开展“以干代训”“一对一培训”模式培养，为每个基层院储备后备力量。

2. 培养案管专业型人才，打造“案管业务技能提升培训班”品牌。采取“案管人讲案管人听”的方式，以谈问题、讲方法、提本领为切入点，围绕案管主责主业，开展案管专题培训指导，在培训中传导最高检案管办顶层最新工作动向，不断深化优化各类案管专项工作，保证案管工作自上而下同频共振。

3. 培养案管精英型人才，打造“案管业务竞赛先锋”品牌。坚持“以赛促学、以学促知、以知促行”的人才培养思路，市级院案管办先组织竞赛选拔适格选手，精心组织筹备学习计划，采取“以

老带新”及邀请其他业务部门骨干讲课指导等形式对参赛选手进行封闭式培训，培养精英型案管人才参与更高级别竞赛，为检察机关培养全面的检察业务管理人才。

4. 带动培养整体检察队伍，打造“案管巡讲团”品牌。案管办组建由业务标兵、能手及骨干常驻、院领导特邀参与的“案管巡讲团”，根据上级工作部署和业务实际需要，深入各部门、各基层院开展理论和实践宣讲，培训对象包括检察官、检察官助理、书记员，以案管之力助推整体检察队伍素能提升，充分将业务管理和业务指导相衔接。

集中管理机制下 检察业务数据资源化的路径探析*

徐俊驰　袁　铮**

目　次

数据是新的生产要素。检察业务数据作为多年来业务数据化所累积的成果，已然上升为加强检察机关法律监督和改进自身管理的战略性资源。2023 年 6 月，最高人民检察院应勇检察长指出，要坚持“眼睛向内”，用好用足内部数据，深度挖掘检察业务数据价值，让更多“沉睡数据”被充分激活和利用。2024 年 1 月，最高检检委会审议通过《最高人民检察院关于加快推进新时代检察业务管理现代化的意见》，专门强调要抓实检察业务数据管理，对制定重要数

* 本文系 2024 年度最高人民检察院检察案件管理理论课题“以系统观念推动案件管理机制运行一体化研究”的阶段性成果。

** 徐俊驰，四川省人民检察院案件管理办公室主任、三级高级检察官；袁铮，四川省汶川县人民检察院第三检察部主任、二级检察官。

据目录，建立健全分类分级保护制度提出部署要求。案件管理部门在检察业务管理总体格局中承担枢纽职责，负责内部数据的集中管理，同时衔接侦查（调查）、审判、执行等诉讼环节，通过案卷、法律文书等载体汇聚海量的司法办案数据，更应该发挥职能作用，积极落实“业务主导、数据整合、技术支撑、重在应用”的数字检察工作机制，在业务数据化基础上加快推动数据资源化，最大限度让检察业务数据“活起来、动起来、用起来”。

一、积极养成数据思维

最宽泛意义上的数据思维，是建立数据分析框架，用数据提出问题、分析问题、解决问题的方式方法。而集中管理机制下所讨论的数据思维，是管理人员基于案件质量主要评价指标应用、数据真实性准确性核查、流程监控、案后评查等具体工作场景，以现实所掌握的检察业务数据为基本要素，以信息化数字化智能化手段，低成本高效率地发现、分析、解决问题的思维方式。数字检察战略提出后，管理人员对提高数据敏感度、构建算法和模型、收集数据、研判数据等基本任务达成了普遍共识。但是对照“业务主导”要求，实践中对检察业务数据的整理和应用在某些方面还存在跟不上、不适应的情况，思想上还需突出聚焦问题的目标导向和方法取向。

一是强调集中管理机制下“眼睛向内”的重要性。检察业务管理本身不是案件管理部门的专属职能。其首先是检察长、检委会的管理（重点是“把方向”的宏观管理，也包括具体研究个案的微观管理），其次是办案部门和条线的管理（重点是个案把关的微观管理，也包括统一法律适用标准等宏观管理），最后是案件管理部门的集中管理、专门管理和同级监督（既有以评价指标应用、数据分析研判为典型的宏观管理，也有数据真实性准确性核查、流程监控、案后评查等微观管理）。在集中管理机制下、业务数据化向数据资源化的演进转变过程中，要深度发挥出数据思维的功能效用，就要认识到：在数据获取上，既要加强与其他单位的数据交换、互联互通，也要加强对自身掌握数据的深度挖掘；在数据整合上，既要持续强调卷宗完整、案卡准确，也要加快完善各地各条线子系统的贯通；在数据应用上，既要重视配合办案部门，赋能法律监督，也要重视强化专门管理自身履职，尤其是对检察业务流程关键环节、重点领域、突出方面的评价管控。

二是提升管理人员的数据处理能力。业务数据化是指利用信息技术实现数据的采集、存储、应用，将检察业务各环节实现数据化的过程，这个过程的关键是基于业务需求开展的信息化建设。而数据资源化是数据服务业务需求的进一步实现，甚至是只有通过数据才能开展相关业务。检察信息化发展至今，数据资源化的趋势已定，办理各项业务均离不开集办案、统计、管理功能为一体的检察业务应用系统，更深层次的是离不开检察业务数据。管理人员既要熟悉检察业务运行的基本规律、特征，又要具备较强的数据整理能力、分析能力、挖掘能力，对数据技术理解达到一定深度。从应用角度，关键是对巨量数据的细分能力，即将已有的结构化数据进行“字段”“条数”的分解。以往达到这种处理水平需要对通用办公软件有较深的理解，现在可以通过更多的智能化辅助软件实现。借助良好的机制设计，可以用更低的学习成本，实现对不同数据的分解，使更多的管理人员深度掌握数据的清洗、分析、挖掘。

三是训练管理人员的模型化思维。管理人员拥有较强的数据处理能力基础后，实现高效管理的重点就集中在对数据进行批量校验分析上，反复计算使用，逐步深入完善。不断拓展场景是模型化思维的根本，也是数据思维的深层形态。抓好模型化思维的训练，首先，要解决心理上的畏难情绪，揭开数据建模的神秘面纱。现阶段以业务应用为主导的数字检察模型，基本是简单规则的轻应用模型，本质上还是通过总结提炼工作经验而实现的重复性应用，并没有难以跨越的技术门槛，甚至可以说业务管理经验越丰富，建模能力就应该越强。其次，要明确模型搭建的应用导向，即模型设计服务是实际业务，最终是要产生切实效果的，必须是发生概率较大的共性问题。对于偶发性单一问题，建模并没有实际意义。最后，还要对模型功能性有更深的认识，明白数据分析模型同样应具备数学模型的基本内涵，即存在规律的指引性，而不是对已有问题的描述。简单而言，就是在设计模型时，必须是通过模型能够发现单纯通过现有方法不能发现的问题。

二、 持续强化数据治理

数据资源化的首要前提是大量甚至是全量数据的汇聚。“数据整合”“技术支撑”都是数字检察战略具体落地的基本要求，需要做实数据治理、聚合、管理、应用，通过分头建设、分散存储、关联应用等便捷、经济、有效的方法，推动数据共享共用，获取研发特定应用模型所需的特许数据。目前，检察业务应用系统集办案、管理、统计、智能辅助、知识服务、数据共享、大数据应用、政法互联等功能于一体，为案件管理部门获取案卡、文书、流程等要素信息，开展流程监控、案后评查、数据真实性准确性核查等工作提供了重要前提。① 但也要看到，检察业务应用系统所汇聚的司法办案数据还未达到全量。较为典型的是网上信访信息系统与全国检察业务应用系统相对独立运行，检察业务应用系统无法自动抓取网上信访信息系统办理、回复的信访案件数据，人工二次录入又会造成

---

① 申国军：《“智慧案管”体系建设与实施路径》，载《人民检察》2021 年第 21—22 期。

数据不准确。这表明强化数据整合，仍然是需要究其原因的。在对检察业务应用系统以外的各地各条线数据端口、应用系统、功能模块等进行整合，真正在全量司法办案数据汇聚起来的基础上，再进一步推动数据资源化所需的系统性治理。

一是内部结构化数据再治理。按照用途标准，检察业务数据可以简单分为统计数据、案卡数据、案件数据，其中案件数据包括文书数据、数字卷宗数据，办案人员通过人工方式将案件数据提炼为案卡数据，再由检察业务应用系统中的统计模块将案卡数据与系统数据融合生成统计数据。某种意义上，现行数据管理的核心内容还是对案卡数据的管理。目前，检察业务应用系统中案卡和细分的数据项众多。从数据分析的角度来看，相当于有对应数量的表和字段，这已经是个较为庞大且还在持续丰富的数据基座。例如，省级院大数据中心在导入检察业务数据后，针对各种实际的建模需求对业务数据进行分库治理，形成了诸如犯罪嫌疑人及被告人主题库、刑事诉讼案件主题库、犯罪嫌疑人强制措施专题库等各类主题、专题库。要真正实现面向应用的数据调用，还要结合具体应用方向进行再治理。

二是推进对内部非结构化数据的挖掘。检察业务数据中，目前能够被应用的结构化数据还只占全量数据的小部分，以案件数据为代表的巨量非结构化数据还在“沉睡”中。这是因为该部分数据的信息承载形式通常为检察文书、外来文书、电子卷宗等现有技术难以智能化治理的形式。值得关注的是，目前基于 NLP① 技术的大语

① NLP，即自然语言处理，是计算机科学领域与人工智能领域中的一个重要方向，主要研究能实现人与计算机之间用自然语言进行有效通信的各种理论和方法。

言模型发展态势良好，在不考虑成本的情况下，能够在 OCR[①] 技术配合下实现对案件数据的全面结构化。要实现对检察业务数据非结构化的挖掘，目前可以考虑三个方向。首先是进一步丰富案卡表单，使之越来越接近案件实体；其次是通过人工提取加技术分析，进一步释放非结构化数据的应用价值；最后也是最困难的一步，就是强化顶层设计，深化技术合作，在法律文书、电子卷宗自然语言识别的训练方面进行有效投入，降低该项技术的门槛和使用成本。

三是探索深化对电子证据的清洗归集。当前司法办案实践中的突出趋势，是涉及使用电子证据的案件占比越来越大。这部分电子证据一般通过移动载体随案移送，但目前在检察业务应用系统中呈现的还是相对固定的非结构化形式，并且有相当部分的电子证据并没有被检察业务应用系统真正留存，而是被随案移送到审判机关。电子证据事实上本身就具有较高的结构化程度，同时一般情况下有着较高的信息承载密度。如果没有较强的数据应用能力，办案人员对于电子证据的审查是比较吃力的。目前，检察业务应用系统中并没有设置该类证据的辅助分析工具，也没有专门接受结构化电子证据的接口与标准，这造成了一定程度上的数据流失。同时，相对纯非结构化的案件数据而言，电子证据具有更好的智能化应用基础，对校验检察业务数据准确性也具有一定积极意义。在推动数据整合以及系统性治理的方向上，对于电子证据的归集清洗具有较强的现实意义。

三、切实提升数据质量

数据真实准确是实现数据资源化的必要基础，数据质量出了问

① OCR，即光学字符识别，是指电子设备（如扫描仪或数码相机）检查纸上打印的字符，通过检测暗、亮模式确定其形状，然后用字符识别方法将形状翻译成计算机文字的过程。

题，数据资源化就犹如“空中楼阁”。然而，从案件管理部门日常履职掌握的情况来看，实践中数据质量在一定程度和范围上还存在问题，除了最简单的错漏迟填，还包括性质更严重、情况更复杂的“凑数案”、“注水案”、选择性司法和技术性规避等“反管理”问题。联系到数据资源化的现实需要，坚决否定和纠正“反管理”问题，不允许为了数据好看而弄虚作假，以及要求办案人员真实、准确、及时地填录案卡，减少缺失数据、错误数据和不可用数据，都是对数据质量管理的最基础性内容。进一步对照“数据整合”“技术支撑”的要求，案件管理部门需要加强与信息技术部门、办案部门的协同配合，借力相关辅助软件，加大数据真实性、准确性核查力度，严防数据质量不高，尤其是反复出错、故意瞒报虚报、弄虚作假的情况出现。

一是优化现有辅助软件校验功能。自数据质量核查方向上的辅助软件上线以来，结合技术赋能和人工履职，基本实现了软件提示问题的全时监管、动态清零，逐渐融入办案和管理日常工作。而面对数据质量管理的新的形势任务，首先，填录校验规则应当实现“自下而上”的充实完善，能够及时判断数据填录的新型问题，加强检察官办案环节的自检提示，更好地统筹案件管理部门专门管理和办案部门，特别是检察官自我管理。其次，要努力实现与“自上而下”抽查问题及对应规则的同步协调。现有数据准确率指标是以抽查方式测算的。建议设置以全量数据为基础的准确率概念。准确率取值的基数是检察业务应用系统以及辅助工具能够监测的全量数据，这样只要时间点确定，则可以同步分解，或者是鼓励各地事前自检、事后反查。对抽查方法的运用，重在动态地发现典型问题，以明细方式下发督促整改。这也更加接近技术上对数据质量管理的理解。

二是实现对“反管理”问题的快速反应。新版评价指标通过精简指标数量，减少通报值指标、调减指标具体通报值等方式对“反管理”作出回应，但仍然要警惕“数据冲动”表现出的较强惯性和顽固性。实现对“反管理”问题的快速反应，是数据质量管理的重要任务。结合数据整合特别是对结构化数据再治理、对非结构化数据挖掘，从技术方面做到对响应案卡数据的实时穿透，实现与案件数据动态有效校验，支持管理人员靠前介入和分析研判，有利于限缩“注水”“凑数”空间，遏制“数据冲动”。

三是积极尝试智慧型的数据工具。传统的数据输入形式是依赖人工对信息先进行识别再输入，该情况下数据质量管理的实质就是对人工输入数据真实性准确性的验证。同时，依赖人工进行数据输入，人为主观因素起到决定性的作用，如果想要数据反映最理想的客观情况，那就应该让数据的输入最大限度排除人为主观因素的干扰。在数据分析领域，所谓“数据投毒”就是为使系统作出错误判断，人为故意输入的虚假数据。要避免数据真实性准确性被人为主观因素干扰，目前较为通用的做法是通过机器实现数据智能收集。如果能够尝试使用智慧型的数据工具，对文书中的有效信息进行类似“爬虫”技术①的抓取，便可以使原本较为繁重的案卡填录工作得到解放。除此之外，这种技术还有一种相对较简单的现实路径，可以理解为对文书自动生成的逆向，即按照既定格式完成固定必填文书的撰写后，即实现案卡自动回填。

四、 探索改进数据建模

“重在应用”是落实数字检察战略的最终目的。随着检察业务工作持续深入开展，产生、积累的数据越来越多，但这些海量的原

① 即网络爬虫，是一种自动获取网页内容的程序，搜索引擎的重要组成部分。因此，搜索引擎优化很大程度上就是针对爬虫做出的优化。

始数据往往是存在于各个数据端口、应用系统、功能模块的“数据孤岛”中。数据资源化的目的就是要充分合理地利用数据，最大限度发挥其作用价值。构建数据模型是实现数据资源化的重要突破口，通过数据模型整合全国检察业务应用系统中分散、孤立的数据，进行分析计算、碰撞比对，自动生成新的数据，并以可视化方式予以呈现，使用户能够快速有效地获取数据中有价值的信息，从而作出准确有效的决策。前期的数据建模更多是办案部门主导的以对外履行法律监督职责为方向，在推动被动监督向主动监督、个案监督向类案监督再到社会治理上积累较为丰富成果。特别是初步经历了早期监督模型简单，数据碰撞步骤少，监督成效相对单一的阶段，逐渐进入多领域融合监督甚至是“四大检察”全面融合监督，类案监督模型由多个子模型组成，形成庞大、整体、系统的业态治理场景的新阶段。① 同时，研究中也提示如数据技术价值判断缺失、模型应用“侵入”其他有权机关职责范围等可能问题。② 案件管理部门可以关注类似经验，尤其考虑在尊重检察业务应用系统基础性地位的前提下，立足实际探索本地化工具，借助算法和模型的研用来直接改进自身流程监控、案后评查履职，并间接推动业务部门更好履行法律监督职责，从整体上落实数字检察战略的目标要求。

一是建好用好低代码建模平台。通俗来讲，低代码建模平台就是以图形化界面，辅助无编程基础能力的办案人员和管理人员，以“拖拉拽”操作快速搭建数字化应用软件的工具。建好低代码平台的核心需求是应当做到技术要求足够“低”。当前，各地法律监督模型研发建设热情高涨，应用成效显著，但绝大多数模型是利用外

---

① 翁跃强：《大数据分析在法律监督中的应用》，载《国家检察官学院学报》2024 年第 1 期。

② 胡铭、何子涵：《大数据法律监督的实践逻辑与风险控制》，载《人民检察》2022 年第 11 期。

部数据进行碰撞、比对的。由于外部数据来源的持续性并不稳定，因此对模型的持续成效可能缺少长远期待。联系到养成数据思维和强调“眼睛向内”的重要性，充分调动自身积极性，深度挖掘内部数据，建好用好低代码平台的核心的现实意义就非常突出。例如“两项监督”数据“注水”监管模型，以及法院判决适用罚金刑、缓刑考验期错误等监管模型，现已设计出相对成熟的研判规则，实践中支持了案件管理部门对个案的微观管理。当然，因为数据碰撞本身采取的是“相关性”逻辑，是否确实存在办案实体、程序性问题，应当结合个案调查核实予以确定，并且注意与办案部门的条线指导相协调。

二是强化数据调用的安全保障和便利性。好用高效的建模平台提供了数据资源化的本地化工具，其基础除了需要数据的真实性、准确性，还必须保证安全性和便利性。以往案件管理部门想通过调用批量数据来发现类案办理不规范问题，通常做法是报请检察长同意后，通过检察业务应用系统批量导出相关数据。这种方式存在两方面的弊端，一方面，导出数据后数据是永远存在的，电子数据可复制性强的特性导致安全性无法得到有效保障；另一方面，导出数据在时间维度上是断裂的，不能实现动态更新，导致建立的模型尽管规则固定，可以反复使用，但是实际每次使用时还是需要重新上传数据，无法实现真正的动态模型应用。所以，下一步思路应该是对数据作同步对接，在重构专题库、主题库时，对数据调用权限进行了分层分类设计，保障了各地能够在线上审批后的有效时间段内，持续调用相关数据设计验证，实现数据模型的动态应用。

三是完善数据模型应用推广机制。一般来讲，案件管理部门以个案监管为切入点，及时总结涉财案件类案特征，梳理其中反映的问题领域、点位，可能涉及的数据来源、内容等，将其转化为监管规则，实现本地范围内相关信息的自动校验、推送、提醒，就初步实现了建模的应用效果。但其最终的应用效果，需要经得起提级扩面的数据验证，才能保证其可推广性。对于设计出具有普遍性监管数据模型的单位，需要给予相应激励，从而形成对模型建设应用的正向反馈。以数据模型“市场”为例，各地可根据自愿原则将相对成熟的模型上传共享，其他地区下载后调用本地数据接口即可使用、验证，既是拓展应用成果，也是收集改进意见。同时，又由“市场”对模型的被下载次数与发现监管问题数进行统计、通报。由于同步了检察业务应用系统中人员组织架构，办案人员、管理人员都允许参与到模型搭建与分享中来，从而进一步激励了数据思维的养成和提升数据质量、深化数据治理的积极性。

监管实务

JIANGUAN SHIWU

流程监控实质化工作机制研究*

上海市人民检察院“数智化赋能流程监控实质化工作机制研究”课题组**

目次

---

* 本文系“数智化赋能流程监控实质化工作机制研究”课题的阶段性成果。

** 课题组负责人：何静，上海市人民检察院案件管理办公室主任。课题组成员：吴真，上海市人民检察院案件管理办公室副主任；侯烨，上海市人民检察院案件管理办公室三级高级检察官；张璐，上海市黄浦区人民检察院第六检察部主任；陆晨，上海市长宁区人民检察院第六检察部副主任；王丹，上海市杨浦区人民检察院四级检察官。

（三）建立通报督办制度，强化流程监控刚性

随着检察改革向纵向深不断推进，对检察权的制约也提出新的要求。面对新要求，检察机关在履职办案的过程中，应当在程序和实体上确保实现公平正义，在效果上让人民群众可感受、能感受、感受到公平正义。流程监控是检察机关案件管理部门的一项基础性工作。面对流程监控开展不平衡、体系性不足等现实问题，通过不断深入探索流程监控实质化的完善路径，从而有力提升流程监控质效。

一、推进流程监控实质化的现实需要

（一）新要求新背景下强化流程监控的新需要

最高检提出“四大检察”全面协调充分发展，这就要求流程监控应当同样做到全面协调充分开展。流程监控既包括“四大检察”所有案件类别，还包括案件受理、审查、交办、办结等各个环节。在细节上流程监控同样覆盖办案权限、办案程序、办案文书、办案期限、系统应用、信息公开等多个方面。只有织密监管网络，流程监控应当全面覆盖才能防止遗漏。

一是加强流程监控一体化建设。通过建设流程监控实质化发展，形成上下一体、横向联动格局，从而有效整合监控资源，形成监控合力，提升监控质效。与办案部门、检务督察部门等密切配合，健全案件管理部门推动、其他部门联动、全员行动的监督制约工作机制。

二是强化案管业务融合。通过强化对流程监控、案件质量评查、数据监管的融合发展，从而提升流程监控实质化的监督质效。强化流程监控在质量评查和业务分析中的基础作用，准确把握流程

监控与质量评查、数据分析的关系，实现程序监管、实体监管、数据监管有效融合。流程监控与质量评查两者互为补充，在执法规范化建设的过程中都充当着不可或缺的角色，两者互为验证、相互辅助。同时，流程监控与数据监管两者互为对照，流程监控担任着前端的数据抓取，数据监管发挥着后端的数据汇总分析等功能。因此，流程监控、案件质量评查与数据监管三者应互相融合、共同发力，为流程监控实质化发展提供保障。

三是健全监控指引。通过建立健全对不同案件不同类型业务的监控指引，将“四大检察”全流程监控形成标准化、制度化的监控文本，推动流程监控工作规范开展，使案件管理工作人员监督有据。① 通过形成完善的监控依据，更好地让办案人员了解办案中应当遵守的规则依据，也让案件管理人员有据可循，强化流程监控的刚性约束。

（二）数智化管理对流程监控的新变革

由于流程监控的内容杂、范围广、细节多，导致流程监控工作量大、效率低。数智化管理有效地改善了这一现象。2020 年，流程监控子系统的上线运行标志着案件流程管理工作开始向数智化自动监控迈进。把依托软件数智化开展工作作为高质量开展流程监控的“治本之策”，促进流程监控从“人工监控”向“数智监控”转变。②

一是发挥数智监控的监督作用。监督是流程监控的本质要求，也是流程监控的立身之本。将流程监控的监督要点嵌入数智监控系统中，将流程监控的监督要点作为数智软件运行的要求和规则，不

---

① 罗发全、刘光辉：《流程监控工作实务问题及应对策略》，载《中国检察官》2021 年第 23 期。

② 中国军：《案件管理专题研究十八篇》，中国检察出版社 2023 年版，第 50 页。

断丰富和完善相应的监督规则，从而不断完善数智监控系统。推动建立办案程序问题自动发现、自动监督推送和反馈的数智化功能，提升数智监控的自动化水平，不断促进案件流程监控由人工向数智化转变，有效发挥数智监控的监督作用。

二是发挥数智监控的指引作用。指引是流程监控的工作方法，也是提升流程监控效果的重要方式。通过在系统中设置必要的办案节点，指引办案人员在相对应的节点制作相对应的文书，同时提供可选择的文书类型，既可以指引办案人员按照法定的办案程序办理案件，又防止机械办案的固化模式的形成。

三是发挥数智监控的统一作用。目前，刑事检察、民事检察、公益诉讼检察案件办理流程监控的要点均已出台，通过统一对现有的流程监控规定，将已有规定的监控点部署在办案系统中，在数智监控系统中将各类案件的问题进行统一提示、推送、反馈，不断完善数智化监控的统一功能。

（三）全方位流程监控对实质化监控的新融合

全程监控是流程监控实质化的应有之义。全程监督对流程监控规定了明确的时间范围。在全程监督的过程中，应当突出重点环节，这就要正确处理同步监督。同步监督应当结合数智监控系统的便利性，同时发挥人工监控的灵活性，将两者有机地结合在一起，更好发挥流程监控的监督和指引作用。通过在固定时间节点，对案件做到同步监督，从而更好指引检察官依法依规办理案件。此外，灵活开展动态监督。虽然在全流程下已开展了案件流程监控，但在人员和精力都有限的情况下，需要突出监督重点，因此要灵活开展动态监督，针对案件中的重点问题、重点节点开展动态监督。动态监督还应就案件实体问题开展监督，将流程监督深入实质化监控。程序公正上的监控可以依托数智系统开展流程监控，但案件的实质问题就需要案管人员开展动态监督。如涉及犯罪嫌疑人、被告人诉讼权利、律师权益保障等问题，通过程序监控与实体监控相结合，更好地发挥“全方位”流程监控实质化的作用。

二、 流程监控实质化主体机制的路径探索

（一）建立流程监控工作的重点监控目录机制

实体与程序如“车之两轮、鸟之双翼”，对于实现司法正义来说，具有同等重要的地位。虽然在很长一段时间里，司法实践中一直存在重实体轻程序的问题，但从 2010 年的“两个证据规定”[①] 到 2017 年的“三项规程”[②]，刑事诉讼中的“程序正义”得到了前所未有的关注。可以说，流程监控是保障程序正义实现的一项重要手段。

流程监控是案管部门对检察办案活动的程序性问题进行监督管理的一项重要职能，与案件质量评查侧重于对已办结案件进行实体性监督不同，流程监控则重点针对正在受理或办理的案件，对其程序是否合法、规范、及时、完备，进行实时、动态监督，并贯穿立案、侦查、审查逮捕、审查起诉等整个诉讼过程，目的在于及时发现问题、纠正问题，从而规范司法办案行为。

虽然流程监控是对在办案件的整个诉讼过程进行全流程监督，但由于目前暂未完全实现数智化流程监控，考虑到人工在发现流程监控问题方面，存在时间、精力方面的限制，流程监控工作的开展

① 参见《关于办理死刑案件审查判断证据若干问题的规定》《关于办理刑事案件排除非法证据若干问题的规定》。

② 参见《人民法院办理刑事案件庭前会议规程（试行）》《人民法院办理刑事案件排除非法证据规程（试行）》《人民法院办理刑事案件第一审普通程序法庭调查规程（试行）》。

应当突出监控重点。简言之，在对案件全诉讼节点进行流程监控的时候，必须分清主要矛盾和次要矛盾，并突出重点环节和关键问题。《人民检察院案件流程监控工作规定（试行）》明确了需要重点监控的主要环节和具体内容，包括案件受理、强制措施、涉案财物、文书制作、办案期限、诉讼权利保障等方面，并对其中需要重点监督、审查的内容进行了明确列举。可以根据重点监控范围，建立工作目录，提出全覆盖无死角的要求，并细化与重点监控相匹配的监控手段。

结合办案实践来看，一要重点监督影响案件公正处理，可能损害司法权威性的问题。比如，在办案期限方面，办案人员是否在法定办案期限内办结案件，在出现需要中止、延长或者重新计算办案期限的情形时，又是否依照规定办理相关审批手续。二要重点监督涉及犯罪嫌疑人诉讼权利保障的问题。比如，已经作出批准逮捕或者不批准逮捕决定的案件，3日以内是否收到侦查机关的执行回执；在案件受理3日以内是否及时告知犯罪嫌疑人相关诉讼权利义务；是否对未成年人刑事案件依法落实特殊程序规定。三要重点监督新规定对办案提出的新要求或者个案中普遍存在的问题。比如，是否对认罪认罚具结过程进行全程录音录像；是否为可能判处3年以上有期徒刑的犯罪嫌疑人办理法律援助；对于辩护人、被害人及其诉讼代理人意见是否依法听取。

所有办案程序上的不规范、小瑕疵，都有可能会成为以后庭审抗辩的重要理由。流程监控就像一双盯着办案流程的“眼睛”，注视着办案过程的每一个步骤。不让一个案件“带病起诉”是流程监控的目标。

（二）建立数智监控和人工监控的协同机制

流程监控属于事前、事中的监督，通过流程监控将案件程序性瑕疵降到最低，可以有效解决事后难以补救的问题，减少严重瑕疵案件和不合格案件的数量。

早期的流程监控主要依赖人工审核，对于案件是否超期、文书是否合规等程序性问题，需要专人在系统中寻找、发现并指出，需要耗费大量的时间、精力。目前，检察业务应用系统已经实现了信息化同步指引、同步规范。毋庸置疑，信息化是流程监控工作提升质效的重要保证，因此在日常开展流程监控时，要学会向信息技术借势借力，将监控事项和规划嵌入检察业务应用系统，通过技术手段实现自动提示各种程序不规范、不完备等问题。只有将大量能够通过信息技术手段解决的程序性监管问题交给信息技术处理，才能把人力从中释放出来，从而集中投入信息化手段暂时不能覆盖的监控内容。

相较于人工流程监控，检察业务应用系统所能实现的信息化流程监控具有精准锁定问题、快速发现问题的优势，但不可否认，人工流程监控也具有不可替代的作用，且部分数智化的监控结论仍需要人工监控予以核验。在一个较长的时间段内，数智和人工两者仍需取长补短、相辅相成，工作中需要根据数智监管的发展水平不断调整人工监控的定位，处理好两者协同关系。在流程监控实质化过程中，人工监控应当侧重于以下几个方面：一是树立“在监督中服务、在服务中监督”的理念和意识，要立足于监督，搞好服务。一方面，在流程监控过程中，针对发现的程序方面的不规范问题，需要流程监控员通过口头和书面方式及时监督纠正。另一方面，将流程监控与案件质量主要评价指标相结合，聚焦与案件质量评价指标相对应的业务流程，标示监控重点，提示容易出错的不规范程序或环节，引领业务部门遵循司法规律、监督规律，以规范执法促进业务绿色运行。比如，通过制定流程监控指引，指引办案人员依照法定的办案程序办理案件。二是做好数智化流程监控的查漏补缺。一方面，强化对流程监控系统应用的日常巡查和保障，定期在检察办案系统上查看流程监控模块是否存在自动推送不规范问题，或者是否存在规则错误导致自动推送的问题实际不存在。另一方面，对于监控模块、辅助系统无法核查的内容，应当通过人工核查进行监控。比如，目前的信息化流程监控主要通过案卡规则设定，自动锁定办案中的程序问题，但对于案卡中无法反映的办案程序，则需要流程监控员通过检查相关法律文书、审查报告等来发现问题。三是在监督中推动案件高质效办理。对于发现的实体处理方面的问题，不能因为不在自己的职责范围内而置之不理，作为针对实体问题进行监督的案件质量评查属于一种事后监督，具有一定的滞后性，对于前端发现的问题，应当尽早监督、尽早补救，因为案管部门监督职责的目的不是认定错误，而是通过多种监督方式推动实现高质效办案。通过程序性的抓早抓小，有助于发现并修正实体问题，避免冤错等不合格案件或严重瑕疵案件的出现，促使办案人员进一步规范司法行为，提高整体的执法司法水平和公信力。但需要注意的是，执法办案的独立性必须被保障，流程监控的开展不能干预检察官独立办案，也不能影响正常办案活动的进行。

（三）建立上、下级院流程监控合作机制

《人民检察院案件流程监控工作规定（试行）》没有明确流程监控只仅限于本院，但修订后的三大诉讼规则都明确规定流程监控仅对本院办案活动和以本院名义制发法律文书。2021 年 2 月印发的《全国检察业务应用系统使用管理办法》明确规定，上级人民检察院的业务部门和案件管理部门，应当对下级人民检察院网上业务办理活动，通过抽查、巡查等方式进行监督、检查，即上级院对下级院的网上业务办理活动应当通过抽查、巡查的方式进行流程监控。

目前，上海市的流程监控运行模式除了本级院内部的监督和通

报外，还有上级院对下级院的流程监控管理，其模式具体为：市院、分院层面每月定期组织某一方面问题的流程监控专项活动，基层院流程监控员完成后向上汇报，由分院对基层院专项流程监控的监督情况进行复核后上报市院，市院通过每月发布案件管理情况通报的形式，对流程监控专项活动的基层院开展情况和分院情况进行全市通报。但是上述上、下级院之间的流程监控，更类似于上级院对下级院流程监控员能力及工作情况的考核，并非直接通过数据优势、直接对下级院办案活动进行监督。

上、下级院之间的流程监控合作的开展其实远不应局限于流程监控工作情况考核。可探索以下几种合作模式：一是上级院案件管理部门具有数据优势和案件信息集成优势，应当充分利用自身所具有的数据优势和信息优势，针对某类异常数据或某类重点案件进行专项监控，并对发现的普遍性问题专项分析，制作类案或专项分析报告，为领导决策提供参考。二是上、下级检察院之间是领导与被领导的关系，也即上级检察院既指导下级检察院，也监督下级检察院。具体而言，流程监控工作中的指导，可以通过开展全市或者辖区范围内的专项流程监控活动实现；监督则可以探索开展上级检察院对下级人民检察院的网上业务办理活动进行抽查、巡查等方式实现。三是同级院之间可通过交叉复核的方式推动流程监控做深做实。由于同级院之间不存在隶属关系，且办案系统无法连通，因此同级院之间流程监控交叉复核工作的推进需要由市院或者分院牵头，并通过人工复核的形式实现。该项探索的目的，一方面，在于拓宽流程监控员的监督思路，发现他院已开展而本院未开展的流程监控监督点；另一方面，通过交叉复核，可以发现部分院存在的流程监控浮于表面、书面流程监控内容过于轻微等问题，督促流程监控员发现真正影响程序正义的办案问题。

三、 高质量流程监控的前沿机制思考

（一）完善流程监控专精尖人才核心能力培养机制

一是培养具备各种检察业务专业技能的人才。流程监控人员必须熟悉公诉、侦监、自侦、民事行政检察、刑事申诉、刑事赔偿等各项业务的办案流程，必须掌握各诉讼环节的关键节点和办案期限，这样才能做好流程监控、事前预警的工作，在遇到各种复杂问题时及时作出应对措施。上海市人民检察院不定期地组织基层检察机关参加诉讼法及其修正案的学习培训，让流程监控人员能够第一时间掌握程序法动态；定期组织基层流程监控部门人员进行操作技能大比拼，这样动静结合的训练可以让操作人员在最短时间内熟悉各类检察业务。

二是培养精通各种检察业务的能力。案件流程监控工作需要熟悉各项检察业务，专业性要求高。因此，负责案件流程监控工作的人员要具有一定的业务工作经验，并适当配备一定比例的员额检察官，增强团队力量。这些人能够担负起事中监督的工作，能够牢牢把握住检察业务的生命主线。

三是培养发现问题、解决问题的能力。发现问题的能力必须是建立在熟悉各种检察业务的程序与实体的基础之上，并且对一类案件、异常情况具有敏锐的洞察力。仅仅具备发现问题的能力还远远不够，还要具备解决问题的能力，解决的是一类案件具有普遍性、倾向性的解决方案，异常情况具有分析性、前瞻性的研究策略。在此基础上，还能够迅速制作出综合分类、分析原因、归纳总结的分析报告以供领导决策之用。这就需要综合能力强的中青年检察官充实到流程监控部门，唯有这样的力量加盟才能最终实现流程监控改革的目标定位。

四是培养沟通协调且精通管理的能力。流程监控表面上是在管案，但实际上还是在管人。与人沟通是一门艺术，流程监控人员要本着参谋、服务的心去监督，要本着双赢、共赢的心去管理，则事半功倍，事事顺利。若本着凌驾于业务部门之上，宁可麻烦别人也不愿烦劳自己的心去跟人打交道，则事倍功半，甚至无功而返。

（二）流程监控与数据治理、案件评查的衔接机制

流程监控、质量评查和业务数据管理作为检察机关案管部门"三大监管"的主要内容，各有不同的特点和职能。其中，质量评查是对办结案件的质量进行检查、评定，既评查办案程序问题，也评查办案实体问题，是检察机关案管部门开展实体监督最主要的方法。业务数据管理是管理检察业务统计数据以及可产生统计数据的案卡信息。要注重将流程监控与业务数据核查、案件质量评查深度融合，助推案件质量提质增效。

一是做到流程监控与质量评查无缝对接。一方面，将流程监控中易发、多发的文书质量、释法说理、当事人权利保障等问题作为案件质量评查的"切入点"，以点带面，对案件的证据采信、事实认定、法律适用、办案程序、文书制作、办案效果等方面进行全方位的评查。另一方面，将案件质量评查中发现的程序性问题作为流程监控工作的重点监控内容，监督方式由之前的"事后"评查逐渐转变为"事中"全流程、全链条监督，增强监督时效性，并与办案部门常沟通、常反馈，形成监督合力，促进司法办案质量的不断提升。

二是促进流程管理与数据治理共同发力。一方面，将日常数据核查、重点及专项数据核查与流程监控结合起来，通过每日对报表业务数据的反向核查，发现数据异常后，追根溯源，第一时间通过系统提示承办人纠正案卡信息填录问题，既保证了业务数据的准确

性，又切实做到了有的放矢，实现流程监控全覆盖。另一方面，在案件监控过程中，通过法律文书与填录的案件信息进行比对，同步审核是否存在案卡漏填、误填、填写不规范的问题，不断增强发现问题的时效性，从“源头”稳步提高业务数据质量。

（三）建立通报督办制度，强化流程监控刚性

为贯彻落实“高质效办好每一个案件”的基本价值追求，进一步强化内部监督管理工作，做深做实监管“后半篇文章”，不断提升检察办案规范化水平。针对流程监控实质化发现的实体、程序、数据等方面存在的多发、常发问题，建立问题发现、通报、研判、解决的长效机制，通过分类处置、精准施策，推动解决检察办案过程中实体、程序和数据方面的标准不统一、办案不规范等问题，促进办案履职规范化水平不断提升。

一是建立分类处置机制。坚持问题导向，紧紧围绕流程监控实质化过程中发现的多发、常发问题，对问题进行分层分类、综合施策。针对有明确规定和依据但执行不到位、不规范的问题，在确保个案提示、整改到位的同时将问题清单移送相关业务部门，由业务部门组织分析问题发生的原因，提出可操作性的解决方案。针对执法规范不一致、标准不统一的问题，将问题清单移送相关业务部门，统一执法尺度和执行标准并形成工作标准。针对无明确规定或依据导致检察官做法各异的，会同相关业务部门共同研商，并根据需要协调公安、法院后，制定工作指引予以统一。

二是建立监控结果会商讲评机制。针对监管中发现的重点问题，适时总结梳理，依托案管部门与业务部门每月会商、每季度讲评的平台，通报日常监控、专项监控以及个案监控中发现办案不规范问题，明确讲评要点，编写案事例，以更生动、更直观方式延伸监管实效。

三是建立严重问题追查问责机制。即知即改与长效机制相结合，在确保被通报案件逐案整改、责任落实到位的同时，通过长效机制逐个解决问题。强化案件管理与检务督察工作衔接和信息双向移送机制。定期向检务督察部门抄送案管通报、流程监控、质量评查等情况，对监管过程中发现的少数承办人整改不及时、工作不力等问题，及时向检务督察部门反馈通报。检务督察部门对案管部门移送的相关通报、报告等开展评估，对情节严重的严格追查问责，并将责任认定及追责处理情况及时反馈案管部门。

四是将监管中发现的问题迅速转化为管理规则。将管理规则转化为技术规则，实现由“人盯人”向用技术手段管控的模式转变。将司法实务中存在的普遍性、苗头性问题及时总结提炼，梳理成规则，再转化为技术手段。对日常监控中监控规则的适用反馈，尝试建立以业务部门为单位的定期收集互通模式；对新发布的各类法规制度要点，建立起定期转化规则及验证流程，以提高监控规则库的持续更新和良性循环。

五是实现流程监控与考核考评相融合。纳入考核规则，将在流程监控过程中发现的不规范问题情况纳入院考核，重点关注屡纠屡犯和跟进指导、制发指引后落实不到位情况。另外，将通报问题次数和落实情况纳入院建设考核和检察人员个人考评，定期将办案流程监控通报结果报送政工部门，作为单位和检察官平时考评和年终考评的重要依据，能动解决办案中存在的顽瘴痼疾，切实降低“不规范”问题占比。

N市建筑行业领域案件调研分析报告

葛林卫　陈志佳*

目　次

建筑业作为N市支柱产业之一，对N市经济社会发展具有重要影响。近年来，受多种因素影响，建筑行业遇到前所未有的风险和挑战。为进一步助力建筑企业管理变革，服务建设全国一流的现代化“建筑强市”，N市检察院对2021年至2023年办理的建筑行业领域案件进行调研，相关情况分析如下。

一、N市建筑领域案件基本情况及主要特点

2021年以来，N市检察机关共办理建筑领域案件225件，其中刑事案件168件，民事行政案件54件，公益诉讼案件3件，既涉及诈骗、重大责任事故、非国家工作人员受贿等刑事犯罪，也涉及工伤待遇纠纷、劳动报酬纠纷等民事、行政纠纷。

---

* 葛林卫，江苏省南通市人民检察院案件管理部副主任；陈志佳，江苏省南通市崇川区人民检察院第一检察部副主任。

一是安全生产事故多发，中小企业、县域建设工程成事故重灾区。2021年以来，N市检察机关共办理建筑领域重大责任事故犯罪72件，占建筑领域刑事案件总数的42.9%，事故共计造成75人死亡，直接经济损失约8000万元。事故类型中，高坠事故、违章操作机械设备事故占比超过90%；涉案单位中，中小企业占92%，涉及建设、房屋、市政、装修装饰等各个工程领域；发案地域中，A、B、C、D四个县（市）发案占比68.1%。各县（市）由于建设工程相对分散，且存在大量的农村自建房，安全生产监管力度有待提升。

二是企业内部职务犯罪频发，风险管控制度不健全。在办理的42件建筑企业内部职务犯罪案件中，非国家工作人员受贿和职务侵占案件各20件，合计占比95.2%，另有挪用资金案件2件，累计涉案金额超4亿元。被害企业集中在H建设集团和M集团，案发数分别占比52.4%、9.5%，部分案件涉案金额较大，暴露出相关企业在内控管理方面存在诸多问题。如N市A县检察院办理的张某某非国家工作人员受贿案，张某某利用担任H集团某公司董事长的职务便利，在公司土地收购项目上与他人内外勾结，造成公司损失逾亿元。

三是"行业规则"成犯罪漏洞，被骗企业损失难以挽回。建筑工程领域普遍存在施工保证金的做法，部分犯罪分子利用"行业规则"，虚构自身工程项目的总承包方身份，收取分包保证金，骗取分包企业钱款，且因多数犯罪分子无正当职业，诈骗所得钱款多被挥霍，被害企业损失难以挽回。如D县检察院办理的赵某某合同诈骗案，赵某某在项目无资金投入、土地流转面积不足、无合同履约能力的情况下对外发包，骗取多家企业工程保证金、服务费近1000万元。在合同诈骗、伪造公司企业印章等关联犯罪中，相关企业累计被骗金额超过8900万元。

四是资金紧张问题凸显，金融犯罪风险增加。建筑行业属于资金密集型产业，建材采购、保证金要求、垫资施工、工程结算周期长等因素极大影响企业的现金流和资金利用效率。部分企业为缓解资金压力，铤而走险，通过非法手段进行融资，金融风险上升。如 C 市检察院办理的某房地产开发有限公司非法吸收公众存款案，该公司因资金困难，非法吸收公众存款超 5 亿元，案发时未兑付 4.6 亿余元。

五是多层分包导致职工合法权益难以保障，诉讼纠纷不断。随着农民工工资专用账户管理制度的落实，拖欠农民工工资问题得到一定解决，但分包单位取得工程款后拒不支付农民工工资的案件仍有发生。如 N 市 A 县检察院办理的邢某某拒不支付劳动报酬案，邢某某从某建筑劳务有限公司承包某项目木工工程，在公司已支付给其工程款 200 万元的情况下，其仍拖欠 20 名工人工资近 62 万元，邢某某被判处拘役 6 个月，并处罚金 2 万元。除刑事检察外，N 市检察机关办理多层分包类民事、行政、公益诉讼检察案件 44 件，占监督建筑业案件总数的 77.2%，工伤待遇纠纷、劳务合同纠纷等成为社会治理难点。如 E 市检察院办理的朱某某工伤保险待遇纠纷案，朱某某在某建设工程有限公司工作期间摔伤，该公司未落实朱某某 42.73 万元的工伤赔偿请求，检察机关依法支持朱某某提起工伤保险待遇仲裁。

二、 检察机关办理涉建筑领域案件的主要做法

一是严惩侵企犯罪，做到“打有力度”。依法严惩侵犯涉建筑领域企业财产犯罪，通过依法快速批捕、精准起诉、追赃挽损，有效维护企业安定有序的生产经营环境。自 2021 年以来，N 市检察机关共依法批捕 57 人，起诉 174 人，追赃挽损 2100 余万元。如 N 市 A 县检察院办理的张某某、李某某超越职务侵占案，在依法快捕快

诉的同时，通过告知犯罪嫌疑人认罪认罚从宽规定、退赃与量刑建议的关联性，在严格把握案件事实的前提下，依法督促犯罪嫌疑人退赃近400万元，形成有效震慑。

二是释放司法善意，做到“护有温度”。坚持依法保护、平等保护、有效保护，通过实地走访、听取意见、调取资料等举措，落实好办案影响评估机制，坚持“当宽则宽、该严则严”，妥善处理涉建筑领域企业犯罪案件，依法不批捕7人，不起诉28人。如F区检察院办理的某建筑装饰有限公司虚开增值税专用发票案，案发后该公司补缴全部税款，检察机关经过综合评估和公开听证，最终依法作出不起诉决定，尽可能减少办案对企业正常经营秩序的影响。

三是推动犯罪预防，做到“防有精度”。密切关注涉建筑领域犯罪新动向、新问题，综合运用检察建议、情况反映、提示函等方式，帮助行业监管、企业经营堵塞漏洞、防范风险。结合排查的企业经营风险点，量身定制《企业疫情防控、安全生产、环境保护刑事法律风险防范指南》《建筑房地产领域刑事法律风险防范指南》，送法进企，精准防治。B市检察院深入剖析建筑领域案件发生原因，向B市建筑工程管理局制发检察建议书，督促加强监管，助力建筑行业高质量发展。

三、 建筑领域问题解决思路及对策建议

第一，优化司法和行政服务，加强法律、融资等支持力度。一是将“治罪”与“治理”相结合，细化涉罪建筑企业适用不起诉、认罪认罚从宽等制度的工作规范。二是构建“一站式”受理、专业化办案工作机制，提前做好风险预案，加大风险隐患排查和矛盾化解力度，注重以非诉讼方式化解矛盾纠纷，审慎采取查封、扣押、冻结等不利于企业生产经营的手段，最大限度保证企业正常经营秩序。三是加大金融支持，金融监管部门和政法部门努力解决相关企

业面临的融资问题，靠前服务，帮助企业依法推进欠款清收，打击内部职务腐败犯罪；在风险可控前提下，以政策优惠助力建筑企业拓宽融资渠道，缓解资金困难，实现降本增效。

第二，强化施工安全全流程监管，促进企业依法依规施工。一是监管部门要加大对建设工程项目的监管力度，完善对农村自建房市场监管机制，推进安全监管全覆盖。二是落实重点人员安全教育培训机制，强化安全生产履职考核机制，杜绝“无证”“带病”上岗、违章施工。定期组织事故演练及避险自救培训，提高避险自救能力。三是建筑企业要落实专业人员定期开展机械设备、安全设施检修维护工作，配足配齐安全防护装备。

第三，健全建筑工程分包、转包管控机制，合力守护农民工工资。一是严格落实《工程建设领域农民工工资专用账户管理暂行办法》等规定，完善工程款结算流程，规范支付体系，稳步推进施工过程结算。二是全面推行以保函形式缴纳投标保证金、履约保证金、工程质量保证金和农民工工资保证金，逐步提升保函替代率。探索将意外伤害投保情况作为施工企业进场施工的前置审核条件，建立建筑行业职工意外伤害强制保险制度。三是严格落实工程项目分包行政管理规定，杜绝违法分包、转包，健全行业“黑白名单”制度，确保工程项目分包、转包合法可控。

第四，推动建筑企业向现代企业管理转型。一是鼓励建筑业企业进一步完善法人治理结构、约束激励机制，建立管理、技术、资本等要素参与收益分配的现代企业制度。二是落实企业经营风险管控主体责任，强化重点岗位人员职权运行监管，健全风险评估和管控机制，严防职务犯罪、过度举债、涉法涉诉等风险隐患，做好应对预案，筑牢发展根基。三是借助第三方监管平台，完善务实管用的运行机制，推动建筑行业领域持续健康发展。

案件质量数字化评查机制研究

——以数据融合和大数据办案为主视角*

陈月影　徐　萍　应敏骏**

目　次

* 本文系中共浙江省委政法委员会浙江省法学会2023年度法学研究课题（课题编号：2023NB13）的阶段性研究成果。

** 陈月影，浙江省人民检察院案件管理办公室四级高级检察官；徐萍，浙江省宁波市人民检察院案件管理办公室副主任；应敏骏，浙江省宁波市宁海县人民检察院一级检察官。

应勇检察长强调，加强检察业务管理是全面准确落实司法责任制的重要基础和有效保障，是“高质效办好每一个案件”的必然要求，高质效办案必然要求高水平管理，高水平管理服务和促进高质效办案。案件质量评查是精准评价案件办理质量的基本方式，也是确保办案质效的重要抓手。

一、 案件质量数字化评查的现实意义

（一）案件质量评查需要数字化

“信息化”是通过计算机、互联网等信息化手段提升传统业务流程的质效。“数字化”是“数字赋能”，更是“制度重塑”，数字化改革是一场重塑性的制度革命。2020年8月，浙江检察机关案管部门在浙江海宁会议提出“数智引领，深化转型，推动案管工作跨越式发展”，浙江检察也从研发专攻数据巡查的“啄木鸟”应用到形成案件闭环管理的“数智案管”系统等多种数字化项目建设，并作为《浙江数字检察建设“十四五”规划》的重要应用项目，用数字赋能、智能辅助办案，全面提升案件管理工作质效为目标，以质量变革、效率变革和动力变革为路径，推动打造标准化、智能化的智慧案管高水平发展新格局。

人工智能时代的大数据思维深刻影响着检察工作的转型升级，转变检察履职理念，带来检察工作思考方式和工作方法上的重大变革。案管部门是“监管大枢纽、业务大参谋、数据大管家、服务大窗口、科技大平台”的功能定位，从管流程到管实体、管个案到管态势、管案件到管数据等系列转变。智慧案管与案件深度融合，将案件评查标准细化嵌入检察业务应用系统，形成系统性评查标准，并借助大数据优势实现自动化评查、智能化评查是未来的发展方向。掌握了数据才能掌握对案件管理的主动权，向科技要生产力，把智慧案管建设作为破解案管部门任务重、人员少、要求高等一系列难题的破解之策，从根本上提高案件管理工作质效，形成政法部门及行政机关之间设置联通、网络畅通、平台贯通、数据融通，数据能在相关部门之间自由互通。

大数据智能思维需要在对大数据进行开发利用时，利用人工智能技术嵌入智能化评查模块，提升工作质效。将评查的案件类型通过评查思路的程序设计，从办案系统和电子案卷中抓取相关数据进行模型化分析，设定指标，汇总相应数据，再对数据清洗后依照设定的校验规则进行分析研判，自动查找出存在的问题。办案人员自行通过评查系统进行自我检查案件质量，对评查后标红的地方进行解释说明，再由相关的审核人员进行审查，以互动方式修正错误或修正规则偏差。在系统中设定一定阈值，用大数据来评判预警存在的办案风险、案件质量风险，将问题解决在初始。

大数据分析技术已经广泛应用于商业领域，并产生积极效应。用大数据思维与检察机关法律监督业务场景融合后，将激发检察业务数据强大活力。从深化检察改革来看，数字赋能是案管部门深化转型重塑的关键所在，找准案件管理与人工智能的结合点，向科技要生产力要人力要质效，推动智慧案管工作走深走实。

（二）智慧案管建设需要评查常态化

案管部门是检察业务管理的中枢。检察机关内部制约监督关键环节的案管部门应加强依法科学预警，强化内部监督，加大流程监控的事前预警、事中监控提示提醒、案件质量评查的事后监督反馈，形成闭环式管理、全周期案件质量精密智控，全面提升监督质效。智慧案管建设是智慧检务建设的重要一环，是运用人工智能、大数据技术，以电子检务工程为依托，推动检察机关案件管理智能化、数字化的方式和过程，使案件管理工作迈向科学化、智能化、规范化、精细化的强劲动力，是助推案件管理体系和能力现代化的科技支撑。① 智慧案管也是解决案管人员履职能力不全难到位，事务性、繁杂性多而管理效果差的治本之策。

1. 评查及时性、准确性。案件质量数字化评查是现代技术发展的必然趋势，案件质量评查不应该在案件线下归档后再进行评查，而是办结后便可以随时在办案系统上网上评查，包括对相关案卡的填录，流程的操作，文书内容的校对，文书与案卡之间的逻辑校对。传统案件评查缺乏统一标准，聘请专家、学者、律师线下参与评查，因不懂业务操作，权威性和公正性有余而专业性不足，说服力和影响力有限，难以发现存在的逻辑问题及深层次问题。同时将智能辅助办案系统中量刑辅助系统及相关判例检索嵌入案件质量评查系统中，作为量刑偏离的警示依据。

2. 有效提升案件管理质效。自动评查系统实现案件受理信息智能采集，案件流程程序上识别，案件质量智能化判断，案件办理效果智能化评判，提高业务监管活动的自动化和精准化。通过对基础

---

① 李杨：《构建科学案件管理体系 提升四大案件管理能力 助推检察监督体系和监督能力现代化建设》，载《检察业务管理指导与参考》（2020 年第 6 辑），中国检察出版社 2020 年版。

数据、核心数据、关键数据、变量数据、专项数据的个性化定制，自动抓取后汇总，生成具有个性化报表和分析报告框架，反映出相应数据变化，发展趋势，案件规律，为开展业务运行态势分析、社会治理形势分析等提供智能化支持。

3. 弥补人工评查不足。案件质量数字化评查能有效解决评查员少、难以发现问题的问题。线下评查往往由上级院发文要求，几乎没有标准的程序设计，对评查的启动、评查范围、评查方式、评查反馈等评查要素难以有标准化统一规范，占用评查人大量时间。对评查人的办案经验和个人水平依赖性极强，评查的力度和深度不够，评查效果不明显，容易走形式。此外，还有难以解决的评查人抹不开面子，仅停留于低级错误或小瑕疵，监督力度和刚性不足，难以发现办案中存在的问题，更加难以发现监督线索。

（三）线上评查需要大数据融合

1. 检察业务应用系统 2.0 开发应用。从案件整体上掌握大数据的基本特征，对数据可以进行总量分析、聚合分析、离散分析、交叉分析等分析，继而对办案质量进行画像分析。2014 年，检察业务应用系统 1.0 上线运行以来，检察业务流程有 100 多个，案卡项目有 7000 多个，每天生成 400 多万个数据，而当前 2.0 版每天产生的数据已经超过千万级别，人工统计数据已远不能应对。对非结构化的数据采集、整理后分析是难题。运用案件质量评查软件，通过海量的评查数据发现评查中存在的共性问题，制定案件质量标准，软件自动筛错，推送逻辑错误和内容错误。例如，郑州市检察院研发了“郑州市检察机关案件质量评查系统”，实现“程序、评查、互动、报告生成、统计分析和司法档案”六大功能，评价标准涵盖细分、内涵及效能管理三大类四个层次的标准，为员额检察官的业绩评价、司法责任制的落实，内部监督的强化提供了高效载体。①

2. 智慧案管系统以数据为基础。数字化评查要充分利用案件质量管理过程和产生的大数据优势，对电子案卷进行识别后自动生成 Word 版文档，清洗后形成格式化数据，校验均在此基础上进行。评查系统会自动抽取案件中核心要素自动评查打分，并形成相应的报告。数字化评查，避免人为外在干扰，发现人力不足易被疏忽、评查水平有限或难以查找到的逻辑上的细小部分，便于提出抗诉、立案监督等处理。案件质量线上评查流程更加注重程序化信息，如案件案卡填录、文书发送审批等；实体评查更偏重于案件实体，对案件的定性、量刑的轻重、权利义务的保障等。当前的案件质量评查工作侧重于刑检领域，对民事、行政、公益诉讼、刑事执行检察以及控告申诉等案件评查偏少或难以开展评查。

（四）大数据评查与人工智能的结合

1. 办案精细化。有人建议在全国范围内在同一模式和尺度下实施评查，但每个地方的办案要求不一致，对评查软件作出相应的调整，并作为评查要求的补充，这样达到查、改、督三方联动，促进司法办案标准化的统一与通用，促进办案人员规范司法的思想自觉和行动自觉。通过个案点对点查、面对面督、件对件改，将案件评查与员额管理统一起来，系统集成优势保障多方共进共赢。沉淀了办案数据、案件信息、案件全流程评查数据与信息汇聚形成的办案数据中心、案件信息中心、研判分析中心，案管部门成为一个业务管理中枢，打破原有流程监控、质量评查、文书公开、律师接待、电子卷宗等各个管理环节相互割裂的状态，结合评查软件与检察业

---

① 赵光南：《论案件质量全周期管理》，载《检察业务管理指导与参考》（2022 年第 1 辑），中国检察出版社 2022 年版。

务应用系统，形成了无缝衔接，汇集形成案件管理的“一站式”集成中心，也为司法管理自我革新提供充分的数据和技术支撑。

2. 设定评查项目。系统内嵌统一的评查项目，评查有标准、评判有依据、异议有对照，改变传统评查标准不一、操作不一、前后不一的随意评查，改变信息不畅的孤岛效应，包括对影响业务数据质量扣分（以“负项评价”计分）。案卡信息项目填录不符合要求，不符合办案工作实际的，出现不及时填录、错填、漏填、随意修改案卡信息等不规范填录行为的，赋分计出差错数，自动扣减分。

检察业务应用系统的大数据与人工智能 AI 技术相结合，对异常数据提醒。例如，某类案件办案过程出现异常现象，可能出现轻刑率高，要及时发出办案预警，促进整改。对不同类型的审结结果和判决结果进行分类分析，总结出不同的案件办理规律，并初步判断和提示检察官办案中可能存在的典型问题，以此解决案管部门人少与案件管理精细化要求高之间的矛盾，提升效果、降低成本。

3. 发挥检察监督职能。办案程序如果缺少监督管控的“安全阀”就可能“出轨”“出错”。评查系统是自动比对和逻辑关系校验，实现数据巡查自动化运行，数据自动筛查反馈，填录错误自动报警提醒，自动核查数据，自动核查文书。数字化评查能充分发挥大数据的价值和人的主观能动性，集合优秀评查人员的思维，共同研讨校验规则的设计，通过收集优秀评查人的评查经验、评查步骤，并将其转换成逻辑校验规则和校验代码，对抓取的数据进行比对。通过计算机系统对评查过程和结果的标准化设计，对不同罪名的案件将评查人的思维过程固定下来，设计成相应的程序。同时对每一个评查案件进行自动记录，办案人就是评查人，不需要也不再组织人力专门进行评查。构建案件质量自动评查系统可以解决统计员、评查员人工审查错误率高、数据瑕疵率高、工作量大、效果差的问题。信息化是流程监控的重要支撑，也是流程监控工作取得成效的重要保证。①

二、 案件质量评查的程序设计

案件质量评查的程序设计中，应以用户需求为导向，以基层工作实际为基础，集思广益，在试点应用基础上，逐步有序推广，实时迭代更新，保持评查系统生命力。

（一） 落实网上评查

落实最高检“网上评查为主、网下评查为辅”的评查要求，进行线上评查。对接检察业务应用系统内法律文书，获取案件的案卡信息、文书制作、审批情况。利用浙江政法一体化办案电子卷宗单轨制，查阅侦查机关的所有原始卷宗材料和审判机关回传的正式裁判文书等；利用浙江检察自行研发的电子卷宗等项目建设，查看所有以归档顺序和要求规范排列的线下制作案卷材料，包含但不限于犯罪嫌疑人签字捺印的讯问笔录、讨论笔录、线下取证材料等。嵌入评查报告模板、个案评查表、问题清单等文书，根据评查过程中发现的问题，自动生成评查分析报告初稿等，节约评查人员制作文书时间。

（二） 自动抽选案件

案件质量评查的对象是已经办结的案件。根据各类案件类型，梳理“已经办结”定义，精准定义案件进入待评查池的相关触发

① 许山松：《〈人民检察院案件流程监控工作规定（试行）〉解读》，载《人民检察》2016 年第 18 期。

点。以刑事案件为例，将出现终局性诉讼结果判断为“已经办结”，如法院作出生效判决或检察院作出终结性决定等。法院退回案件，重新起诉或者改变管辖后起诉法院作出生效判决、不起诉、移送单位撤回等流程结束可进行评查。触发规则一般依托报表和案卡等设置，自动抽取符合评查条件的案件。

根据重点评查、常规抽查、专项评查三类评查类型的侧重点，区分进行设计。一是重点评查全覆盖。在最高检判处无罪、撤回起诉、判处免刑、捕后不诉四类重点案件类型之外，根据本省工作实际，增加覆盖四大检察的程序异常案件，设置相应抽取触发规则，实时纳入本省重点案件范围。二是常规抽查智能化。所有已经办结案件，均纳入常规抽查的范围内，支持按总数比例、按检察官人均、按院均设置件数后随机抽取。三是专项评查模块化。支持评查管理人员自定义专项评查或者导入案件清单后，生成专项评查。案件抽取后，支持自动和手动两种方式随机分配给评查人才库成员。

（三）内嵌评查规则

人的精力有限，专注力难以长久集中，面对大量评查数据、评查内容，评查人的思维、记忆能力显然会力不从心，而数字化制定的评查规则能解决这个问题。当前数智案管系统评查模块已嵌入常见易发的实体性和程序性规则，当点击不同法律文书时，会出现相应评查提示，精准捕捉错误、自动提醒评查人。评查规则全方位覆盖，不仅辅助刑事检察案件办理，而且也覆盖民事检察、行政检察等其他业务条线。数智案管系统数据巡查模块、流程监控模块已实现部分案卡填报的逻辑校验功能，输入相应的校验规则，发现案卡填报的错误和流程程序上的错误，也部分实现了文书与案卡填报的匹配检查，前端数据巡查、流程监控的情况同步展示给评查人员，立体展现关联情况。自动比对侦查、检察、审判认定的人员、罪名、量刑（建议）等情况，辅助快速评查。由案管部门提供办案程序性管理和预警规则，结合法律文书的制作，对相关案件材料读取识别成文字后，形成半结构化数据，再结合非结构化数据整合在一起。将文书、案卡、一体化流转等信息，进行聚合分析，通过自动校验流程监控规则，类案监督规则，形成相应的报告，后续再不断补充充实规则库。将资深评查员评查案件的思路、模式等纳入评查人才库，通过机器对被评案件问题点和评查员评查思维的深度学习，构建多维"案—人"分析模型，以实现智慧辅助的智能化评查模式。①

（四）匿名在线沟通

监督者和被监督者是天然矛盾体，评查工作中存在的"老好人"情况是亟待解决的问题。为切实促进真评、敢评，防止评查受干扰，评查过程中以匿名评查为宜，针对评查中发现的需要检察官补充上传的案卷材料、相关办案说明等问题，拟评定为瑕疵或不合格案件的问题，支持在线匿名沟通、听取相关意见，以利于形成全面客观、公正可信的评查结论。

（五）随机分配人才库成员异地交叉评查

将全省检察专业人才纳入评查人才库，集中调配使用，确保评查人员力量支撑，重点案件随机分配给人才库成员评查，提升评查人员权威性。省院对重点案件提级评查，随机分配跨地市的人才库成员交叉匿名评查，防止评查过程干扰，避免"放马"，以"真评"切实形成规范严格办案的"紧箍咒"效力。

① 申国军：《案件管理专题研究十八篇》，中国检察出版社 2023 年版，第 180 页。

（六）直观画像分析辅助宏观指导

加强对案件评查结果的数据分析，自动对检察官及案件办理情况进行画像分析，可以对系统里的单个案件进行画像分析，也可以对检察官、业务部门、全院、全地市、全省进行画像分析。如某个检察官的案件办理的类型，办案平均时长，出现瑕疵的类型和数量等，问题主要集中在事实认定、证据分析、法律适用等八大领域中的哪一个领域。在个案评查的基础上，辅助总结业务条线、某院、某地市容易出现的普遍性、倾向性、典型性问题，分析容易出现瑕疵或不合格案件的原因，提出针对性意见，加强对类案的工作指导。将后端评查发现的值得关注的问题，移送给流程监管人员和承办检察官，从源头加强前端监管。例如，针对一个时期法院退回案件量上升的情况，评查发现犯罪嫌疑人不在案是法院退回的主要原因，当办案时长超过 6 个月时，取保候审的犯罪嫌疑人容易处于脱保状态，提示检察官加快办案节奏、起诉前再次确保犯罪嫌疑人在案、及时对犯罪嫌疑人的社会危险性进行科学评估等。通过机器深度学习数据与业务之间的关系，以数据间的多维比对，实现对一定时期不同业务类别、不同专项等情况的研判分析，做到研判分析的智能化。①

（七）迭代方向

在办案、评查过程中不断完善规则，结合大数据对分析规则中存在问题不断改进，多维度分析反馈，实现案件质效问题的精准把控。以浙江绍兴市越城区院承担最高检“每案必评”试点工作为契机，努力将案件质量自动评查系统打造成浙江案管系统的“品牌产

① 申国军：《案件管理专题研究十八篇》，中国检察出版社 2023 年版，第 180 页。

品”。大数据擅长发掘不同数据间的相关性，可以替代人力对数据进行全面的审视，大幅度提升信息的发掘和处理能力，发现在人力查看相对“小”的视野里难以察觉的问题，将分析人员从数据海洋中解放处理。[①] 借助人工智能和大数据技术，对数据进行分析。评查人员仅需对识别出来的问题进行确认核实，评查过程全程留痕。数字化评查在网上直接进行，也可由承办人自行点击自评，或案管部门自行点击案件系统评查。

对案件全程、实时、动态的监督、提示、防控，监控案件程序性问题，同时对办案实体性问题如事实认定、证据采信、法律适用等进行精准比对，将法律文书与案卡填报内容进行比对，对逻辑错误的问题纳入流程监控“事先预防”，不会对检察官独立办案造成不当干预。

三、评查结果的形成、转化与应用

（一）发挥数据优势快速形成评查初步结论

案件质量数字化评查是检察数字化和信息化背景下未来案件评查的主要方式，评查问题自动汇总，辅助形成评查等次意见，成为奖优罚劣的参考依据。针对报告中出现的问题查找到检察监督的线索，为下步提出抗诉、再审建议提供精准的线索来源。通过对数据的分析研究，可了解本地区司法办案和相关工作的现状、态势、特点、规律及存在的问题及其原因，作为工作决策指导的重要依据和数据支撑。通过不同评查指标的组合，可以实现对某地区、某检察院、某业务条线或业务部门、某检察官办案质量的精准评价，还可以实现对特定主体、特定诉讼环节办案质量的统一评价。

① 柴慈永、王斌：《以数字思维赋能数字案管建设的几点思考》，载《检察业务管理指导与参考》（2024年第1辑），中国检察出版社2024年版。

（二）评查与评价、追责的衔接

当前案件质量评查的结果运用普遍性不足，一般以谈话、小范围通报等方式，评查监督的刚性不足，评查的结果未进入司法档案，也未能体现办案质量终身负责制的要求。数字化评查将程序和实体并重，通过数字化自动评查，解决评查人专业不足或评查疏忽造成评查浅表化、枝节化的情况，并可将结果推送给政工人事、检务督察部门，加强工作衔接，深化评查结果运用。数字化评查的结果影响到对承办人的个人绩效，影响到其评先评优、职务晋职晋级等，推动评查关口前移、下沉。

（三）确保案件实时全流程对接

检察业务数据产生大量碎片化且无规律的信息需要编程软件整合成有用、有序的数据，使数据参与更有针对性。通过对海量数据的采集、挖掘、加工、汇总、整合、存储和分享，打破信息壁垒，提供精准的数据支撑，提升数据分析的针对性和精准性。在检察业务系统中增加应用模块，在全面分析大数据的基础上，总结出证据认定的参考标准，由系统自动分析出案件证据材料可能存在的问题，并提示办案人员注意异常问题，提前审核把关办案证据材料。案件监控自进入检察和出检察环节、回复检察文书等全程无缝对接，内容涉及办案程序、文书制作、权利保障、系统填录等各办案节点的流程监控和文书内容的一致性，做到全覆盖、全过程、全留痕。加强与外部数据碰撞分析，尤其要与审判部门、行政部门或执法机关的相关数据进行融合后碰撞，挖掘监督线索，同时借助外部数据开展反向检查，反向审视办案质量，做到规范一类的延伸。

无论从理论研究还是实践经验来看，浙江数字检察建设已经产生了丰富的智慧性成果，方便了办案人员，但数字检察建设在可持续发展的制度化逻辑、实践融合度等方面需要进一步加强。需要借助数字检察建设，利用新兴人工智能 AI 技术拓展数字检察在实践中的运用；在数字化评查系统的基础上扩大应用，以人工智能 AI 技术系统指导数字检察建设向纵深发展，向内涵式发展，以此推进司法理论与检察技术深度融合、办案需求与智能技术深度融合，技术与专项开发深度融合，为智能时代数字检察建设提供技术机理和制度架构。

新形势下未成年人犯罪成因分析及对策研究

——以 L 市 A 区人民检察院 2019 年至 2023 年数据为样本

张倩倩　王雅楠*

目　次

少年儿童是祖国的未来，是中华民族的希望。近年来，检察机关认真贯彻未成年人保护法、预防未成年人犯罪法，会同相关部门推进未成年人保护社会治理，努力预防和减少未成年人犯罪。但由于未成年人人生观、价值观还未成熟，经济社会快速发展，加之网络环境对未成年人的影响巨大，未成年人犯罪呈现出新情况，社会、学校、家庭等方面也暴露出一些深层次的问题，预防未成年人犯罪工作依然任重道远。

为深入贯彻落实新时代未成年人检察工作精神，以 L 市 A 区人

* 张倩倩，山东省临沂市兰山区人民检察院检察业务管理部副主任、一级检察官；王雅楠，山东省临沂市兰山区人民检察院第二检察部副主任、一级检察官。

民检察院 2019 年至 2023 年办理未成年人犯罪案件数据为基础，对未成年人犯罪案件的特点、原因进行分析，总结相关经验做法，提出可行性建议，通过检察履职，携手各方守护未成年人健康成长，共同为未成年人撑起一片法治艳阳天。

一、 未成年人犯罪案件特点

一是未成年人犯罪总体呈上升趋势。自 2019 年至 2023 年，共受理审查逮捕未成年人犯罪嫌疑人共计 194 件/322 人。按年度统计分别为 55 件/82 人，39 件/53 人，35 件/52 人，28 件/64 人，37 件/71 人。受理移送审查起诉未成年犯罪嫌疑人共计 371 件/587 人，分别为 56 件/84 人，37 件/49 人，74 件/100 人，90 件/156 人，114 件/198 人。[①] 2023 年受理审查起诉人数较 2019 年上升 135.71%。相较于 2019 年，2020 年未成年人犯罪数量降低较大，与疫情形势及防控要求有较大关联，特别是开学时间延迟，导致未成年人社会接触时间缩短、空间缩小，引发犯罪因素少，犯罪活动受到限制。

二是未成年人犯罪类型较为集中，涉财物类案件由以前的小偷小摸转向暴力型作案。从侵犯权利来看，侵犯财产类案件 179 件/276 人，占比为 47.02%；侵犯人身权利、民主权利类案件 97 件/137 人，占比为 23.34%；妨害社会管理秩序类案件 70 件/137 人，占比为 23.34%；其他类案件共占比 6.30%。

从涉嫌罪名来看，排在前五名的依次为：盗窃罪 126 件/163 人，占比 27.77%；抢劫罪 39 件/96 人，占比 16.35%；寻衅滋事罪 33 件/73 人，占比 12.44%；强奸罪 53 件/63 人，占比 10.73%；故意伤害罪 22 件/36 人，占比 6.13%。在未成年人犯罪类型中，侵财类案件仍占主体地位，但作案手段发生明显变化，由最初的秘

① 所有数据均提取自全国检察业务应用系统 2019 年至 2023 年数据。

密、平和窃取逐渐发展为同时侵犯人身权利、财产权利的暴力型手段。

三是男女比例差别较大，团伙作案明显增多，呈聚众倾向。在受理审查起诉的587名未成年嫌疑人中女性为81人，男性为506人，男性占比高达86.20%。因未成年人年龄较小，个体力量较为薄弱，而且相较于成年人，更具有逞强、显摆心理，更易被他人裹挟、影响，导致结伙作案成为违法犯罪常态，在受理的审查起诉案件中共同犯罪案件多达132件/346人，人数占比为58.94%。

四是犯罪呈现低龄化趋势，低龄未成年女性涉案有所增加。2019年至2023年，受理审查起诉14周岁至16周岁未成年犯罪嫌疑人共计77件/150人，分别为27人、19人、17人、41人、46人，呈现出较为明显的上升势头。其中，低龄未成年女性涉案人数明显增加，多涉嫌非法拘禁、抢劫、强制猥亵、侮辱、寻衅滋事等罪名，在犯罪过程中往往伴有拍摄裸照、在身体上写画、持工具猥亵等凌辱手段，反映出低龄未成年女性较大的主观恶性。但涉案人员多集中于14周岁至16周岁，往往因未达刑事责任年龄无法予以刑事处罚，又因年龄尚小，行政处罚往往无法实际执行。低龄未成年女性的涉案行为与责任承担之间呈现明显不均衡特点。

二、三类案件应当引起重视

一是帮助信息网络犯罪活动罪案件有所增加。帮助信息网络犯罪活动罪作为近几年的新兴犯罪，因作案手法简单、入罪门槛低、回报率高，让部分未成年人深陷其中。已受理帮助信息网络犯罪活动8件/11人，占比为1.87%。在办案中发现，诈骗集团以高额回报为诱饵，通过网络招募未成年人参与网络犯罪活动。有的未成年犯罪嫌疑人提供自己的银行卡进行“跑分”，帮助上游犯罪接收和转移诈骗赃款，完成资金流转。有的未成年犯罪嫌疑人通过快递接收诈骗集团的手机、手机卡等设备，与诈骗犯罪嫌疑人组成设备网，先由未成年犯罪嫌疑人在诈骗分子和被害人之间搭建通讯联系，后诈骗分子通过 QQ 语音等方式对被害人直接实施诈骗。

二是“仙人跳”抢劫案件占比明显上升。在办案中还发现，传统的抢劫犯罪有所减少，但男女结伙以“仙人跳”形式进行抢劫案件上升趋势较为明显。通常由一名未成年女性充当卖淫人员，在卖淫过程中，多名男性未成年人突然以男朋友、家人，甚至公安机关侦查人员的身份出现，以暴力胁迫、报警、通知家人、传唤等为由施加威胁，或暴力劫取嫖客现金，或逼迫嫖客手机转账、签具欠条，进而谋取利益。在近几年受理的 39 件/96 人抢劫案件中，“仙人跳”占比为 38.46%，并呈现出逐年上升的趋势。

三是性犯罪案件持续多发。未成年犯罪嫌疑人心智发展不成熟，网络、社交软件中色情信息层出不穷，对未成年人心理、生理冲击较大。传统的性犯罪案件如强奸罪、强制猥亵罪占比仍较高，两类案件 61 件/73 人，占比为 12.44%。此外，未成年人利用性进行犯罪的案件数持续增长，如引诱、容留、介绍卖淫，组织、协助组织卖淫，强迫卖淫等案件合计 27 件/45 人，占比为 7.67%。该类案件中，未成年犯罪嫌疑人组织、介绍未成年人女性卖淫嫖娼，合伙收取嫖资，部分未成年人女性既是受害者，同时也是案件的积极参与者，对未成年人女性的今后发展和回归正常生活轨道产生难以估量的影响。

三、 未成年人犯罪原因分析

一是未成年人社会认知、是非判断能力不足，自控力较差。当今社会处于大发展大变革大调整的时期，社会环境更为复杂，社会竞争日益激烈，各类网络诱惑层出不穷，这对未成年人的认知能力、判断能力带来很大挑战。随着物质生活条件的改善，未成年人生理发育早熟，但心理发展的滞后与生理的早熟形成巨大反差。一些未成年人生理上具备了违法犯罪的能力，在一定内外因素的作用下，极易导致违法犯罪行为的产生。尤其是在强奸案件中，有相当一部分幼女是自愿发生性关系，还有一部分是处于恋爱关系，但根据法律规定，与幼女发生性关系，即可定强奸罪，未成年人却缺乏这方面的认知。

二是文化程度低、法律意识淡薄。在受理的案件中，初中及以下文化程度占90%以上。未成年犯罪嫌疑人受教育程度相对较低，过早脱离学校的教育环境，不受学校规章制度的限制，获得了与自己能力不相称的自由，而抵制各种不良诱惑的能力较弱，不能理智对待、正确认识各种事物和现象，对自己的行为不能作出正确的评价，对后果认识不足。如受理的部分帮助信息网络犯罪活动案，部分未成年犯罪嫌疑人缺乏必要的生存技能，极易受诈骗集团的高额诱惑，误入电信诈骗团伙，在其中充当客服，根据团伙诈骗话术与被害人聊天，在侥幸心理中成为上游犯罪的帮凶。

三是不良交友、从众心理导致共同犯罪作案突出。很多未成年人的人格、心理不独立，涉世未深，内心极度渴望得到别人的认同，但由于辨别能力有限，原则意识差，很容易与社会闲散人员、不良群体混在一起，被传授一些作案手段和手法后，很容易盲目随从，经怂恿引诱做出违法犯罪的行为。比如，李某某、马某某等八人聚众斗殴案、王某某、张某某等八人寻衅滋事案，多名参与者之前并不熟悉，都是朋友的朋友，到现场去助阵，抱着仗义、不怕事的心理，成为犯罪的参与者。

四是家庭关爱缺失或者家庭教育不当。父母是孩子的第一任老师，也应是孩子遇到问题和困难时的“避风港”，但是部分父母忙于生计或事业，存在“养而不教”“教而不当”等问题，孩子与父母相处的时间变短，取而代之的是保姆、爷爷奶奶、学校老师，甚至是电视和网络。家长更加重视学习成绩而忽视了与孩子进行情感交流。孩子进入青春叛逆期后与家长矛盾更为激烈，导致孩子在遇到困惑时选择逃离家庭，尤其是失学的孩子，基本处于失控的状态，成为家庭和学校都放弃的群体，更易从网络和同类人中寻找精神寄托，从而走向犯罪的道路。

五是“三类场所”对未成年人产生负面影响较大。由于营业性歌舞娱乐场所、酒吧、网吧的经营业态复杂、消费者成分复杂，是黄、赌、毒等违法犯罪的滋生地。因此在未成年人保护法中明确禁止未成年人进入这三类场所，场所经营者有义务和权利拒绝服务、接待未成年人消费者。但部分经营者为谋取利益，缺乏行业自律，对未成年人消费者的排查形同虚设，甚至是明知故犯。由于“三类场所”数量较多，监管存在难度，存在管理漏洞，逐渐成为不良少年、失学少年的聚集地。复杂的环境刺激他们强烈的好奇心和模仿欲，极易受到不良信息的影响，产生犯罪的倾向。

六是网络的急速发展成为未成年人犯罪的重要诱因。现代社会已经进入网络社会，使用网络已成为未成年人的一种生活方式。当前网络新媒体的自由度较高，提供的信息过多过杂，暴力、色情等信息泛滥，拜金主义、享乐主义思潮仍有很大的市场，网络游戏中暴力成分更是居高不下。未成年人的思想还不够成熟，是非判断力欠缺，处在人生观、价值观形成的重要时期，这些不良信息、社会负能量，极易对未成年人的成长产生误导，形成潜在的犯罪可能。另外，网络的及时性、虚拟性、隐蔽性等特点，给未成年人实施犯罪提供了更为便捷、不易被发现的渠道。不良的网络环境既是诱发未成年人犯罪的重要载体也是未成年人犯罪的重要手段，这都给未成年人网络保护带来严峻挑战。

四、预防未成年人犯罪建议

未成年人犯罪既是过去一个时期，某些领域社会治理成效的检验器，也是未来一个时期社会治安总体形势的“晴雨表”，是重要的司法问题，更是突出的社会问题，需要全社会共同应对。

一是立足检察职能，高质效办好每一个涉未成年人案件。对未成年人最大的保护，就是让他们遵纪守法、健康成长。检察机关要坚持“教育、感化、挽救”方针和“宽容不纵容”理念，以及预防就是保护，惩治也是挽救的原则，辩证考量未成年人犯罪的普遍性与个案的特殊性，认真落实未成年人刑事案件特别程序，充分考虑社会基本伦理和公众普遍感受，努力做到法理情有机统一。坚持严格依法办案，准确把握起诉、不起诉、附条件不起诉条件，做到于法有据、宽严适当。对于犯罪情节较轻、社会危险性较小、主观恶性较轻、悔罪态度明显、家庭具备一定监管条件的涉罪未成年人，依法适用不批准逮捕、相对不起诉、附条件不起诉等刑事决定；对于犯罪性质恶劣、手段残忍、后果严重、主观恶性较大的涉罪未成年人，依法决定逮捕、提起公诉。确实做到因案、因人施策，实现最限程度的教育挽救。

二是狠抓预防，有效减少未成年人违法犯罪。预防未成年人犯罪要坚持问题导向，在全面梳理本地未成年人犯罪情况特点、发展态势、存在问题的基础上，动员各种力量，建立健全党委领导、政府主导、职能部门分工协作、社会力量广泛参与的预防未成年人犯罪工作体系。综合运用司法办案、法治教育、完善机制、协同共治等各项举措，有效遏制未成年人犯罪上升态势。把未成年人犯罪预防工作纳入社区网格化管理，依托网格员加强对辍学、“隐形辍学”、失管未成年人的跟踪分析、动态管理，健全对农村留守儿童、困境儿童等特殊群体的保护救助，及时排查风险隐患，实现分类预防、精准施策。

三是推动辖区专门学校建设。要认真落实中共中央办公厅、国务院办公厅印发的《关于加强专门学校建设和专门教育工作的实施意见》，对未成年人罪错行为分级干预矫治，建立适合未成年人身心特点的矫治教育体系。推动落实专门学校建设，坚持“学校”定位，发挥“专门”功能，做实“精准”矫治，推动专门学校在教育矫治有严重不良行为未成年人工作中更好发挥作用。促进加强未成年犯管理、教育、矫治等工作，推动做实“监护 + 呵护”“改造 + 帮教”，帮助罪错未成年人迷途知返，尽早回归家庭、重返社会。要积极融入和参与未成年人保护法律体系建设，以检察保护促进司法保护、撬动“六大保护”，用法治呵护未成年人健康成长。

四是持续完善未成年人检察社会支持体系。以执法办案为基础，将对涉罪未成年人及家庭的法治教育贯穿到案件办理全过程。会同共青团、妇联、乡镇（街道）、村居（社区）、社工组织、心理咨询机构等单位和组织，积极推动司法社会工作组织建设，培育、壮大社工力量，促进规范司法社会工作组织及司法社工参与司法转介的行为准则、权利义务、工作方式、评价标准，提升司法转介的专业化水平。依托社会支持体系，开展法治教育、家庭教育指导、心理咨询与疏导、社会实践活动等方式对涉罪未成年人进行法治教育；因案施策、因人施策对接受附条件帮教考察的未成年人制定帮教矫治计划，有针对性地开展帮教工作，最大限度地教育挽救涉罪未成年人，降低再犯可能性。

五是推动完善未成年人网络保护法治体系。联动家庭、学校、新闻媒体及社会力量，通过开展家庭教育指导、讲授网络保护专题法治课等多种方式，引导未成年人科学、安全、合理使用网络。加大对网络欺凌、诱导未成年人网络沉迷甚至犯罪等涉未成年人网络违法行为的整治力度。要加强对涉网络犯罪未成年人的教育挽救，准确甄别未成年人在电信网络诈骗等共同犯罪中的层级地位及作用大小，结合认罪态度和悔罪表现，依法从轻、减轻或免予处罚，为其回归社会预留通道。

六是持续强化常态化开展法治宣传教育。结合发生在未成年人身边的典型案例，深入开展未成年人法治进校园、法治进乡村宣传教育活动，实现辖区内职业院校、社区、乡村法治宣传教育全覆盖。推动公安、检察机关、法院一线办案人员担任辖区学校法治副校长工作机制，常态化开展以案释法、针对性普法，引导广大未成年人远离违法犯罪。

基层探索·广西

JICENG TANSUO · GUANGXI

服务“高质效办好每一个案件”的案件管理功能价值研究*

苏金基　刘元见　宋　伟　易茂荣**

目　次

---

* 本文系2024年度最高人民检察院案件管理理论研究课题“服务‘高质效办好每一个案件’的案件管理功能价值研究”的成果。

** 苏金基，广西壮族自治区人民检察院案件管理室主任、检委会委员；刘元见，广西壮族自治区人民检察院案件管理室三级高级检察官助理；宋伟，广西壮族自治区钟山县人民检察院检委会专职委员、第三检察部主任；易茂荣，广西壮族自治区南宁市西乡塘区人民检察院综合业务部主任。

（四）健全业务管理全方位“闭环矩阵”体系

一、服务“高质效办好每一个案件”的案件管理时代内涵

管理是组织达成目标的重要手段，是指主体通过计划、组织、领导、控制、创新等活动行使职能，调动协调所拥有的资源配置，以便有效地达到既定目标的过程。管理的要素包括有效果、低成本、高质量、制度全、结构优等。检察机关案件管理是指设置专门的机构，通过信息化手段和监督管理机制，对所有办理的案件及相关执法司法行为统一进行管理、监督、分析、评价的过程，以此来规范执法办案行为，提高案件质量，强化业务指导。“现代管理学之父”彼得·德鲁克认为，对知识劳动者的管理不同于对体力劳动者的管理，其涉及价值创造系统及性质，如果系统不需要普遍能动性的话，那么永远解决不了知识劳动者的管理问题。因为现代企业创富的系统已经从机器转向知识，需要从知识劳动者那里获取普遍的知识、技能、经验、热情和善意等。① 检察官也是知识型劳动者，高质效办案离不开对每个案件的高质效管理，需要他们的知识、技能、热情和善意，故充分发挥对检察官办理个案的监管、引领、评价、激励的作用，其实践成果必将推动检察机关案件管理高质量发展，同时也必将赋能检察工作高质量发展。

案件办理和案件管理犹如“车之两轮”“鸟之双翼”。有案件办理就有案件管理，越强调案件办理，就越要重视案件管理。强调高质效办好每一个案件，必然要求与之相适应的高质效案件管理格局

① 参见［美］彼得·德鲁克：《管理的实践》，齐若兰译，那国毅审订，机械工业出版社 2022 年版，第 281 页。

予以支持和保障。案件办理与案件管理是“一体两面”，“高质效办好每一个案件”蕴含“高质效管理”的内在要求。案件管理部门应做实对每一件在办案件的程序监控，做好对每一件办结案件的质量审视，通过高质效管理保障和促进检察办案在实体上实现公平正义，在程序上让公平正义更好更快实现，在效果上让人民群众感受到公平正义。加强检察业务管理是全面准确落实司法责任制的重要内容，也是完善检察权运行制约监督机制的重要举措。每一个检察环节的具体案件都是检察机关为大局服务、为人民司法、为法治担当的“检察产品”，质量是否合格，关乎检察履职成果，关乎检察办案质效，关乎人民群众对公平正义的感受。只有加快推进检察业务管理理念、体系、机制、能力现代化，健全检察业务指导体系、管控体系、评价体系、制约监督体系，为高质效办案提供持久的内生动力，从管理上为每一个“检察产品”提供新质监管力，才能全面推动检察工作现代化。①

二、服务“高质效办好每一个案件”的案件管理功能价值意蕴

功能价值（Functional Value）是管理科学技术名词，是指事物在实际使用过程中所能提供的有益功能和作用，是评价一个事物或产品是否有用、是否能满足需求的重要标准。功能价值的大小取决于事物的性能、特点和效用，并且与使用者的需求和期望密切相关。案件管理功能的实现，应与高质效办好每一个案件的基本价值要求相适应，充分体现两者之间内在逻辑联系。

案件办理和案件管理犹如检察业务活动的“车之两轮”，有案

① 参见王新建：《数字赋能提升检察业务管理科学化水平的路径》，载《人民检察》2024 年第 4 期。

件办理就有案件管理，案件管理要服务于案件办理，案件办理要主动接受案件管理，任何一方面出现问题，都会影响检察机关办案质量。相应地，就要认识到尊重检察官办案自主权和强化监督管理是落实司法责任制改革的“鸟之双翼”，尊重检察官办案自主权是防止干预办案，强化监督管理是防止权力任性，任何一方面落实不到位都会影响司法责任制改革行稳致远。

（一）高质效案件管理的功能定位

1. 坚持把“一个定位”作为履职之基。检察业务工作中枢的职能定位是案件管理工作的基础，所有案件管理工作都衍生于这一职能定位，并通过深化履职更好地服务这一职能定位。在检察业务工作中，案件管理部门是检察业务工作的中枢，是业务工作的“办公室”。既然是中枢，就应避免单打独斗、部门本位的观念，要树立全局意识，发挥协调作用，落实好检察长、检委会的宏观管理，尊重办案部门和检察官的自我管理，借助上级案件管理部门的指导管理，对接政工、检务督察等部门的协同管理，促进检察权规范、顺畅运行。

2. 坚持把监督管理和服务保障作为履职之要。监督管理和服务保障是案件管理部门的主责主业，重点表现为“三大监督”“四大服务”：程序监督、实体监督、数据监督；服务科学决策、服务司法办案、服务诉讼参与人、服务人民群众。案管所有工作都是监督和服务的具体体现，并以监督管理和服务保障案件高质效办理、业务高质量发展。案件管理部门应以“三个监督”和“四个服务”为重点，突出案件管理部门重点工作，同时妥当处理好监督和服务的关系，在服务中监督、在监督中服务，促进监督和服务一体化发展。

（二）高质效案件管理的业务功能价值

案件管理部门应坚持把对检察权运行的监督管理作为一条主线贯穿于工作的各个方面，积极推动构建权责明确、协作紧密、制约有力、运行高效的检察业务管理新格局，助力实现“高质效办好每一个案件”。

1. 监督管理。监督管理具体包括程序监督、实体监督和数据监督三个部分，涵盖案件管理部门在收案审查、案件流程监控、业务数据核查、信息公开复核、案件质量评查、涉案财物管理等各个流程节点对业务部门办案程序、实体方面以及案卡填录数据汇总统计方面进行监督制约，从而进一步提高案件办理质量，减少并防止程序不规范问题的产生。

2. 服务保障。服务保障体现在服务科学决策、服务司法办案、服务诉讼参与人和服务人民群众四个方面。在服务科学决策、服务司法办案方面，主要是以掌握的全量检察业务数据为基础，对检察业务工作进行分析研判，为检察长和检察委员会准确掌握和调度检察业务工作、解决检察工作的主要矛盾和矛盾的主要方面提供参考。同时，通过提供案件受理流转等内部服务和案件信息公开、律师、当事人接待等外部服务两个部分，成为联通人民群众与办案部门的纽带，更好地服务诉讼参与人和人民群众。

（三）高质效案件管理的法治功能价值

1. 实体管理——保障高质量的司法公正。实体的公平正义要求在案件事实认定、证据采信、法律适用等方面，必须坚持最严的标准，做到以事实为依据，以法律为准绳，以证据为基础。案件管理部门应健全案件质量评查制度体系，严格执行评查相关工作规定，推动重点案件评查、常规案件抽查、专项评查等工作落到实处，倒逼案件质量提升。

2. 程序管理——促进高效规范的司法公正。让人民群众及时看到、感知和获得公平正义，才能切实增强人民群众对法治的信心和对司法的信任。通过对个案办理期限、流程节点、办结时长、期限预警提醒等开展流程管理，定期发布指标规范，促进检察官加快办理案件进度，增强办案质效意识、规范意识，以标准化、规范化、体系化、精细化的案件管理促进检察业务工作规范、高效运行，确保公平正义在预期内尽早实现。

3. 效果管理——实现效果良好的司法公正。司法办案的“三个效果”应让人民群众能看见、能感知，特别是能感受到个案的公平正义。案件管理部门应围绕这一价值目标，建立健全信息公开、案件听证、人民监督员监督等外部监督机制，让人民群众充分参与司法、监督司法，促进各方司法认同。

（四）高质效案件管理的社会治理功能价值

1. 发挥为国家大局服务的重要保障作用。检察机关要落实党中央决策部署，充分发挥法律监督职能作用，为大局服务、为人民司法，必须将检察监督融于法治国家建设之中，服务经济社会发展大局，满足新时代人民群众对司法公正更高水平的新要求，高质效司法办案是促进国家治理体系和治理能力现代化的必然方式。

2. 夯实司法为民初心使命的重要根基。高质效管好每一个案件是在新时代新征程背景下对检察机关人民立场内涵的丰富和发展。要求与时俱进践行好全过程人民民主；要求聚焦人民群众需求精准履职；要求自觉把人民群众作为司法办案的评判主体；要求通过高质效案件管理促进高质效办案，进而助推法治进步、时代发展，进一步厚植党的执政根基。

3. 推进中国式法治现代化的必然要求。高质效案件管理是高质效案件办理的重要保障，应契合司法运行规律，符合法治现代化治理要求。特别是要切实把“有质量的数量”和“有数量的质量”统筹到更加注重质量上，推动整体工作质效提升，为人民群众提供最好的司法“产品”。

三、服务“高质效办好每一个案件”的案件管理功能价值的路径建构

（一）全面深化“三重管理”理念

检察机关在案件管理工作中应落实科学管理、能动管理、智能管理理念，围绕检察工作大局和司法办案总体需要，以提升办案质效为导向，尊重办案规律和管理规律，以高质效管理促进高质效办好每一个案件的基本价值追求的落实。科学管理强调的是工作标准，能动管理强调的是工作态度，智能管理强调的是工作方法。把“三个理念”应贯穿于案管工作方方面面，是所有案管工作必须遵守的基本准则，也是改进工作的方式方法。“三个理念”是分层次的要求，并不是并列关系。“科学管理”强调的是工作标准，是最基本、最重要的案件管理理念，所有案件管理都应当科学合理，充分尊重司法权运行规律，充分尊重管理规律，最大限度提高办案质效。“能动管理”强调的是工作态度，管理不但要科学，还要主动适应检察工作大局，主动适应司法办案需要，自觉能动地开展管理。“智能管理”强调的是工作方法，是案件管理高质量发展的必由之路，要向科技要生产力，通过信息化建设，解决人力不能干也干不好的问题，从根本上提高案管工作质效。在日常工作中，要妥善用好“三个理念”，兼顾工作标准、工作态度和工作方法，高质量地做好案件管理工作。

（二）发挥业务管理枢纽职能定位的“双向循环”功能

我国检察机关的领导决策机制，决定了检察长、检察委员会对检察机关的案件办理和案件管理具有最高管理决策权力，无论是对个案办理的集体决策，还是对业务的管理指导，都应服从检察长、检察委员会的领导。案件管理部门是检察业务管理的专门机构，贯通上下左右、有效联系各方，承担上传下达、综合协调、统筹管理、监督落实的职责，专门统筹协调全院业务管理工作，处于检察业务管理体系的枢纽地位，应充分发挥检察业务中枢作用，更加主观能动作为，更好发挥统筹协调作用，促进业务工作运转有序、案件高质效办理。既将职责任务由注重个案向宏观管理拓展，也把功能价值由个案质效把控向引导检察业务方向拓展，实现推动个案高质效办理与整体检察业务科学向好的“双向循环”良性发展。

（三）完善案件管理“一体化履职”机制

健全案件管理履职“一体化”机制。强化一体履行监督管理职责，建立案件流程监控、质量评查和业务数据监管有机结合的常态工作模式，形成各监管环节有序衔接、互为补充的监督管理格局。① 上级案件管理部门应加强对下级工作的统筹指导，及时通报案件质量主要评价指标运行异常情况、业务不规范问题，必要时联合办案部门开展督查。注重案管人员的统筹培养、分类培训、一体使用，集中开展业务数据分析、案件质量评查等重要监管活动时，可以抽调下级检察机关案件管理人员参与，以干代训，提升监管水平。发挥检察一体化优势，形成“纵向贯通、横向协同”的案件管理运行

① 参见申国军：《守正创新　强基固本　以高质效案件管理促进高质效案件办理》，载《人民检察》2024 年第 2 期。

模式。纵向贯通一体化监督管理，健全上级人民检察院对下级人民检察院案件办理和案件管理的领导机制，实施宏观业务指导。加强横向一体衔接配合，案件管理部门与案件办理部门既各负其责又通力协作。案件办理部门要自觉开展案件管理，主动接受案件管理部门的监督，与案件管理部门共同解决办案中存在的不规范问题。推动案件管理部门的案中监管、案后评价、业务分析与案件办理部门、办案人员整改落实及反馈的有效衔接，形成案件管理工作“闭环”。建立案件管理与其他部门管理协同机制，与检务督察、政工部门等密切配合，健全案件管理部门推动、其他部门联动、全员行动的工作机制。

（四）健全业务管理全方位“闭环矩阵”体系

检察机关应对照“四大检察”的法律监督总体布局，推动建立融业务指导、业务评价、业务管理、外部监督、业务保障于一体的案件管理工作体系，服务、引领检察工作高质量发展，推动高质效办好每一个案件。①

1. 建立以业务数据分析研判为引领的业务指导体系。业务数据分析是科学管理的重要手段，应将业务数据分析研判工作改进、加强、做实，定期开展检察业务分析研判，提出深度分析和有针对性对策参考，进一步转化分析成果，及时报送检察长、检察委员会，向本院业务部门通报相关情况，加强跟踪督导落实，积极向党委、人大报告，争取其对法律监督工作的支持。重点加强检察业务的前瞻性、趋势性、动态性研究，围绕重点问题加强专题分析研判，健全横向纵向的重点问题提示及反馈机制，形成业务管理的闭环与

---

① 参见吴孟栓：《案管部门立足“中枢”定位提升工作质效的新思路》，载《人民检察》2022 年第 12 期。

合力。

2. 建立以案件办理全过程为对象的业务管控体系。加强对检察机关办理案件的集中统一管理，实现受理、分流、办理、评查全流程管理闭环，充分发挥集中管理、业务管控的作用。案件分配流转要统一，认真落实随机分案为主、指定分案为辅的案件分配机制，由案件管理部门统一负责案件分配，直接分配给检察官或检察官办案组。① 案件流程监控要统一，把人工监控和智能监控有机结合起来，实现对办案程序的全面、实时、动态监督；重大程序违法要从严监督，以程序合法促进实体公正。全面开展“四大检察”流程监控，制定“四大检察”流程监控要点，完善常态化流程监控预警、提醒和定期通报督促制度，提高监控的质量。案件质量评查要统一，质量评查要讲究方式方法，探索引入人工智能，通过系统自动评查，对每个办结案件进行“质检”。

3. 建立以人民监督员工作为重点的外部监督体系。检察机关作为法律监督机关，应主动引入人民监督员和听证员等外部监督力量监督办案活动，促进依法履职、公正司法，落实以人民为中心的理念。案件管理部门应督促办案部门积极邀请人民监督员、听证员等人员监督办案活动，自觉接受外部监督，主动在提高监督活动质量上下功夫，推进人民监督员监督对“四大检察”全覆盖、“十种监督参与方式”全覆盖。统筹推动办案部门增强接受监督主动性、自觉性，促进司法公正，提高司法办案公信力，使其牢固树立“检察工作需要监督、检察工作离不开监督”的观念，主动接受人民监督员监督，让人民监督员监督办案成为一种常态。提高监督规范化水平，对相关规定和实施细则明确要求应当邀请开展监督的“三类”

① 参见潘祖全：《独任检察官制度创新——以上海市闵行区人民检察院的试点为例》，载《人民检察》2016 年第 6 期。

情形，严格落实到位，案件管理部门应加强与业务部门沟通，及时予以提醒，确保“应监督尽监督”。对监督程序不规范、监督意见办理和反馈不及时等问题，要及时督促业务部门和办案检察官纠正，持续跟踪落实监督效果，以外部监督促进办案质效提升。

4. 建立以检察业务应用系统为主平台的信息化保障体系。检察业务应用系统已成为集网上司法办案、管理、统计、智能辅助、知识服务、数据共享、大数据应用、政法互联等于一体的大型信息化系统。案件管理部门应依托信息化手段提升管理工作水平，在更高水平上服务办案、开展管理，围绕提升办案质效，搭建以人民为中心、面向办案的场景化开放平台；把业务部门提交的需求统筹好，最大程度实现办案部门的要求，确保系统符合办案实际；与技术部门密切配合，发挥系统智能辅助、知识服务、数据应用等功能，满足检察官办案个性化需求，提高办案效果，改善办案体验。积极推广完善最高检案件管理系统，做到办案数据一键呈现；评价指标一键监测；数据质量一键核查；电子文库一键检索；法律文书敏感词汇的一键筛查；律师身份一键核验；管好管理指标的一键呈现；流程监控一键推送；质量评查的一键办理。①

① 参见施鹏鹏、王晨辰：《检察机关对事管理的探索与推进》，载《人民检察》2023年第8期。

强化业务数据质量监管
促进案件办理提质增效

广西壮族自治区钦州市人民检察院案件管理办公室

目　次

近年来，钦州市检察院严格落实最高检“数据准确是案管部门第一要务”的工作要求，坚持把检察业务数据监管工作作为一项基础性、常态化工作牢牢抓在手上，不断优化业务数据监管，推动全市检察业务数据质量稳步提升，为“高质效办好每一个案件”奠定坚实根基。

一、坚持理念引领，推动责任压实素能提升

一是更新数据监管理念。市院党组高度重视，市院主要领导把业务数据质量监管作为“一把手”工程，专题组织学习《最高人民检察院关于加快新时代推进检察业务管理现代化的意见》，将业务数据监管纳入钦州市检察工作现代化全局考量，要求以更严政治要

求、更高业务标准、更实结果运用加强业务数据质量管理，推动全市检察机关形成“抓数据质量就是抓办案质量”的工作理念。二是建立监管组织体系。全市两级院成立由案件管理部门统计员和业务部门内勤组成的数据监管专项小组，形成检察官负主体责任、业务部门负管理责任、案件管理部门负监管责任的“立体化”数据监管体系。三是提升业务监管素能。严格落实“全员、全面、全程”使用检察业务应用系统的管理规定，组织学习《全国检察业务应用系统2.0填录标准和说明》《提高业务数据质量工作指引》，定期整理、分析上级院通报以及本院普遍性、常发性案卡填录不规范问题，制作案卡填录常见问题清单，组织业务部门开展“靶向式”培训，引导和督促检察官完整、及时、准确填录案卡信息，不断提升数据准确率。在2024年第一季度全区检察机关业务数据质量检查情况通报中，钦州市“业务数据准确率”在全区排名由2023年第14名提升至第6名。

二、优化数据治理，提升预测预警导向作用

坚持问题导向，建立案卡填录“日提醒+月核查+月通报”制度，细化数据监管举措，提升数据质量。一是加强日常监督提醒。将业务数据质量作为流程监控重点，以日常数据监控为切入点进行闭环管理，每日对审核发现案卡填录问题一对一提示，增强发现问题的时效性，提高数据“源头”的准确性。二是发挥专项核查辅助作用。聚焦普遍性、多发性案卡填录问题，坚持每月常态化开展数据自查，不定期组织全市两级院开展专项核查，查漏补缺，突出对易错人群、易错时段和易错内容的提醒、督促、纠正。市院已针对涉案财物管理情况、审查逮捕案件讯问犯罪嫌疑人情况、检察建议案件办理情况等开展了4期专项核查，检查案件2260件，发现不规范问题620件，进一步规范信息填录。组织开展为期三个月的案卡

填录专项检查工作，发现并纠正迟填、错填、漏填等不规范填录问题 846 处，有效解决数据失真问题。三是提前预防与通报机制相结合。每月通报全市两级院案卡填录不规范问题，做到见案、见人、见问题，逐步解决“老毛病”，防范“新问题”，压紧压实责任。该市院加大通报频次辐射带动各地协同监管效应，推动数据质量源头管控，被上级院通报问题案件数和本地通报问题案件数呈现“双下降”趋势。

三、 融合数据监管，实现业务整合叠加效果

树立“一体化监督”理念，坚持一体履职、融合履职，深化案件管理职能融合履职、共同发力，实现“1 +1 >2”的最优监管效果。一是构建上下一体的业务数据监管网络。强化日常数据监管，加强案管部门与业务部门横向沟通联络，及时提醒、反馈业务数据质量问题，同时充分发挥业务条线纵向指导职责，加强对下级的指导和督促整改，形成业务数据质量监管横向沟通、纵向督导的业务数据监管网络。二是强化业务监管融合。推动流程监控与数据监管相结合，做实受案审查，严把“进口关”，坚决杜绝案件“带病流转”；指导各基层院结合实际逐步推行“结案”实质化审查，注重对认罪认罚从宽制度适用、量刑建议等环节的案卡信息填录、文书制作审查，严把“出口关”，力争做到法律文书“零失误、零差错”，坚决防止问题外溢。推动案件质量评查与数据监管相结合，2024 年组织全市两级检察院对捕后不诉、认罪认罚上诉等案件开展重点评查、专项评查，针对易错案卡信息填录，评查发现深层次数据质量问题，加大整改力度，倒逼案件质量提升。推动业务数据分析研判与数据监管相结合，坚持每月分析研判反映案件质量主要评价指标的业务数据，查找业务工作短板和问题症结，提出针对性解决方案，通过发提示单形式，将分析情况以及当月数据质量问题反

馈至市院业务部门、各基层院，及时督促对照整改。2023 年以来，该市院共发出通告单 14 次。2024 年 6 月，在业务数据分析研判中发现社会治理检察建议采纳率存在异常情况，随后在对相关数据排查中发现，承办人跨月迟填案卡，导致部分检察建议采纳情况未能上报表，检察建议采纳率偏低，通过纠正，2024 年 1 月至 6 月社会治理检察建议采纳率达到 100%。三是推动“线上 + 线下”融合监督。将“人工 + 智能”审核方式运用到日常数据监管中，充分发挥“数检通”智能化核查工具作用，当日发现问题当日整改销号，实现问题“日清零”。定期对易出问题的判决填录情况、侦查阶段自愿认罪认罚情况等重要节点进行人工“拉网式”排查，保障数据核查无死角。2023 年 10 月以前，全市数据监管工作主要依靠人工开展日常巡查抽查，11 月起，两级检察院主动将“人工 + 智能”审核方式运用到常态化数据监管中，借助“数检通”对全市“四大检察”案卡数据批量筛查，将“数检通”开放给每个案件承办人每日进行预警提示，即查即改。通过两级检察院多层次全方位协同努力合力监管，发现问题案件数逐月减少，监管质量和效果进一步提升。

四、 拓展数据应用，增强监管结果运用效能

一是延伸数据监管结果运用。推动案卡填录监管结果运用与绩效考核、业绩考评相结合，完善《检察人员分类考核暨个人绩效管理考核指标计分规则》，2024 年将案卡填录情况正式纳入对部门和检察人员考核，将案卡填录规范化情况作为办案部门检察官业绩考评的重要依据，切实发挥考评“指挥棒”作用，倒逼检察人员重视规范填录程序。二是深化业务分析研判。定期与业务部门开展数据分析会商，深入分析阶段性业务数据呈现的特点，及时发现检察数据异动和倾向性问题，引导各业务条线、各基层院抓重点、补短

板、强弱项。2023 年以来，两级检察院组织召开业务分析研判会商会议 39 次，全市案件质量主要评价指标明显向好，数据分析真正成为促进业务发展的“金钥匙”。三是提升办案质效。以“发现问题、研究问题、解决问题”作为数据质量提升“三部曲”，加大督导工作，推动问题解决，多维度呈现数据监控成效。同时，对数据反映出的重大事项由院领导亲自督办，找准原因，分清责任，引导检察官和检察辅助人员充分履行办案规范化的主体责任。

“四个强化”做实内部移送法律监督线索工作

广西壮族自治区桂林市人民检察院案件管理办公室

目　次

近年来，桂林市检察机关案件管理部门充分发挥职能作用，与办案部门协作，采取“四个强化”措施，做实内部移送法律监督线索工作。2024 年 1 月至 6 月，共移送法律监督线索 232 件，接收线索 229 件。其中，跨区县移送 4 件，跨市移送 2 件，均已成案；移送本院部门 224 件，本院部门已办结 201 件，成案 155 件。

一、 强化检察一体化履职理念形成监督合力

市检察院注重转变监督理念，树牢检察一体化履职理念，加强与本院各业务条线协同发力的同时，指导辖区内不同检察院之间的法律监督线索移送工作，形成监督合力。如灵川县检察院移送灵川县公安局怠于履行行政处罚职责法律监督线索案，2019 年 8 月，赵某某在灵川县饮酒后驾驶机动车，被灵川县公安局交通管理大队查

处，该县交通管理大队未对赵某某此次交通违法行为作出行政处罚。2022 年 3 月，赵某某因在全州县驾驶机动车发生交通事故并逃逸被全州县司法机关追究刑事责任。全州县检察院在办理赵某某案时发现，其驾驶证仍处于未吊销状态，遂向灵川县检察院移送线索。灵川县检察院案件管理部门收到该线索后，及时审查并移送该院业务部门。业务部门接收线索后，成立了办案组对案件进行详细调查核实。后依法向灵川县公安局提出行政检察建议，建议对赵某某吊销机动车驾驶证。灵川县公安局采纳该检察建议，依法对赵某某吊销机动车驾驶证并处以 1000 元罚款。

二、 强化案管枢纽统筹作用推进线索成案

强化统筹作用，深化内部横向联动，通过组织召开业务部门联席会议方式，引导关联部门参与线索价值评估、职能衔接研判、共性需求分析和多维监督构建等推进线索成案。如象山区检察院移送成人用品店违法销售“壮阳产品”法律监督线索案，该院案件管理部门向刑事检察部门移送涉嫌食品药品类刑事犯罪法律监督线索后，线索移送专员对线索关联部门的共性需求进行分析研判，促进部门间沟通配合与力量融合，同时，牵头召开跨部门联席会议共同评估线索价值、讨论职能衔接、规范程序操作等问题，推进公益诉讼部门和刑事检察部门间信息互通、成果共享，形成“公益诉讼—刑事检察—公益诉讼”循环式线索移送路径，畅通线索处置和反馈渠道，有效提升内部移送法律监督线索质效。

三、 强化全程跟踪监管加强线索管理

严格落实《人民检察院内部移送法律监督线索工作规定》《人民检察院案件管理部门开展法律监督线索管理工作实施细则》，建立了内部法律监督线索的接收、移送、办理及内部流程监控的全流

程跟踪、督办体系，确保线索流转依规有序、办理高效，打通内部移送法律监督线索“最后一公里”。如兴安县检察院案件管理部门制定本院内部移送法律监督线索管理指引，细化各业务部门移送线索工作流程，对线索移送、接收、督办、反馈等情况明晰责任、分工负责，加强对接收部门线索办理情况的跟踪，实行全流程监督，形成内部移送法律监督线索协同机制。

四、强化融合履职提升监督效力

注重打破部门履职屏障和信息壁垒，综合运用“四大检察”融合履职办案模式，坚持治罪与治理并重，促进社会综合治理，提升法律监督效力。如灵川县检察院移送灵川县某公司非法占用农用地法律监督线索案，该院刑事检察部门办案中发现涉案公司非法占用农用地行为损害社会公共利益，将案件线索移送案件管理部门审核的同时，移送公益诉讼检察部门同步审查，并组成工作专班，同步办理刑事案件与公益诉讼。经调查核实，灵川县林业局未对涉案公司作出行政处罚，该院依法向该县林业局提出检察建议，建议对涉案公司履行林业行政处罚职责。该院还依托“府检联动”“检村互通”，帮助相关公司健全制度风险内控，消除管理漏洞盲区。

案件质量交叉评查助推办案质效提升

广西壮族自治区玉林市人民检察院案件管理办公室

目　次

北流市检察院、容县检察院认真落实《最高人民检察院关于加快推进新时代检察业务管理现代化的意见》的工作部署，以“高质效管好每一个案件”助推“高质效办好每一个案件”，联合开展跨院交叉评查案件，进一步规范司法办案，提升办案质效。2023 年以来，两院已组织开展交叉评查案件 2 次，评查案件 101 件，评查出优质案件 4 件，瑕疵案件 6 件，不合格案件 2 件，有效纠治了两院一批办案不规范问题。

一、 精心组织谋划，着力提升评查的系统性和操作性

一是强化组织领导。两院党组始终把案件质量评查作为提升办案质效的重要任务来抓，不断探索、丰富评查方式。两院联合成立了由检察长为组长、分管案件管理工作的副检察长为副组长的案件质量评查工作领导小组，抽调两院业务骨干组成评查团队，明确了

责任分工、细化了工作任务，统筹推进交叉评查案件工作有序开展。二是协同制定方案。两院协同制定交叉评查方案，结合工作重点和需求，充分运用重点评查、专项评查和常规抽查的特点，细化完善评查标准及等次，对评查主题、评查范围和方法、评查方式、评查标准、责任追究及评查结果运用等内容作出详细规定，突出案件交叉评查的操作性和针对性。三是细化评查方法。对照最高检有关案件质量评查规定，共同研究制定符合两院工作实际的评查指引，确保评查活动从始至终同尺衡量。对被纳入评查的案件进行全面“把脉会诊”，对事实证据、实体处理、法律程序、法律适用、文书制作、风险评估、案卷装订进行全流程、全方位认真细致的评查，坚持“一案一评查”“一案一表”，重点案件“一案一报告”，确保评查不流于形式。四是组织培训。交叉评查前，两院组织评查人员、人民监督员通过同堂培训、座谈交流等方式，重点辅导培训法律适用、文书规范、评查程序、评查注意事项等内容，统一思想认识，为交叉评查工作奠定坚实的基础。

二、 严格评查程序，着力提升评查的规范性和精准性

一是坚持集中评查。参与评查人员统一集中指定地点开展评查工作，所有评查案件现场交叉后进行随机分配，要求评查人员在规定时间内对办案全过程进行评查，确保“高质效办好每一个案件”要求实质化。二是实行个案双评和争议双评制。要求每件案件均由两名评查人员共同开展评查，逐案形成初评意见，交由评查小组办公室进行复核。案件评查办公室对有争议的案件另选派检察官组成评查小组进行二次评查，并召开评查小组全体会议，以多数人意见确定为最终评查意见，确保评查的严谨性精准性。三是引入内外结合监督。邀请驻检纪检组组长和人民监督员参与案件质量评查，以内部视角“内窥镜”与人民群众视角“外视镜”相结合方式，对评

查工作全过程进行严格监督，让评查工作更加客观、全面，实现外部监督与内部监管“双镜”共同发力，进一步提升案件质量评查工作的规范性和透明度。四是坚持集中反馈。评查工作结束后，两院的评查人员集中进行问题反馈，逐案反馈评查结果，共同探讨办案中存在的共性问题和个性问题，既达到了标准校正、推动整改、提升案件质量的良好效果，也实现了评查工作与业务指导、学习交流的融会贯通。

三、 强化结果运用，着力提升评查的实效性和影响力

一是延伸评查实效。及时通报交叉评查情况，针对评查发现的法律文书制作不规范或缺失、内容存在瑕疵，案卷材料装订不规范、文书不完整，检察业务应用系统填录错漏等共性问题深入开展原因剖析。如针对两院都存在的认罪认罚具结书中认定事实简单填写“属实”的问题，经全体评查人员沟通交流后，一致认为认罪认罚具结书应当填写要素齐全的内容以增强其规范性。如审查报告中对移送审查起诉而未认定的犯罪事实，应详细说明未认定原因。同时，研究制定了细化法律文书制作规范、强化检察业务系统操作和法律文书制作培训、加强案卷装订检查把关、强化办案流程监控等整改措施，并逐案逐条跟进问题整改，适时开展回头看，做到彻底整改，不给案件质量留“后遗症”。二是强化以评促学提质效。通过交叉评查案件、评查发现问题研讨交流，及时发现并纠正司法办案不规范问题，实现了取长补短、以评促学的目标。对评查发现的优质案件和精品文书在全院范围内推广学习，引导办案人员增强办理优质案件意识，展现检察担当作为，助推社会经济高质量发展。三是强化奖惩结合。建立健全案件质量评查与检务督察、驻院纪检监察工作衔接机制，推动评查结果与检察官业绩考评有效对接，将评查结果作为年终考核、奖惩的重要参考，以及职务、职级晋升的

重要依据。对评查中发现的精品案件 4 件、优秀法律文书 6 份，在年终绩效予以加分奖励。对评为不合格案件的，将结果抄送检务督察部门开展司法责任倒查，对承办人存在故意或者重大过失的给予相应处理，发挥个案纠错、奖励先进、鞭策后进的积极作用，促成争先创优的良好氛围，倒逼办案质量提升。

强化“四个环节” 提升流程监管工作质效

广西壮族自治区南宁市青秀区人民检察院案件管理办公室

目 次

南宁市青秀区检察院案件管理部门立足检察业务管理枢纽的职能定位，充分履行监督管理与服务保障职能，以强化“四个环节”不断提升流程监管工作，助推检察业务管理现代化。

一、 强化收送案环节，提升线上流转同步率

一是加强审核，规范案件收送工作。随着政法工作平台的试运行，线上移送案件占比上升，调整配备4名专职人员负责线上文书及案卡审核工作，对照各类案件受理标准、工作流程、时间期限等电子清单指引实行“一键式”审查。针对大数据监督模型成案后流转至检察业务应用系统的案件，重点审核法律文书是否规范、流转过程是否及时、办理期限是否到期、案件审结流程是否完整等，严把案件入口关，防止案件“带病流转”。二是集中收送案，提高衔

接效果。及时同各办案部门内勤对接，每日批量制作《案件受理清单》和《出案清单》等，认真核对每日受理、移送的案件，确保工作无疏漏。坚持“集中移送为主、单独移送为辅”的原则，已受理审查起诉案件中集中受理占47.9%，同比增加9.2个百分点，其中办理后集中移送占100%，均为当日接收、当日移送。三是强化内外沟通协调，建立长效工作机制。积极与公安机关沟通协调，同步对公安机关法制部门移送审查起诉前的案件进行线上补充提醒，有效解决公安机关移送案件电子卷宗存在制作不规范、材料不齐全等问题；与刑事检察部门召开联席会议，对公安机关未及时接收立案监督、退回补充侦查文书等问题集中移送刑事检察部门，规范案件受理移送工作。

二、 强化事中提醒环节，提高流程监控整改率

建立完善案件办理全流程业务监管体系，不断提升案件办理流程规范化。已对551件案件流程不规范问题提出口头纠正，整改率达到100%。一是做好日常监控，提高监控覆盖面。坚持办案流程监控常态化、实时化，流程监控员根据流程监控问题的深浅层次不一进行区分，形成浅层次问题每日“系统查”，深层次问题集中“文书查”的方法，发现存在问题及时通知承办人整改，做到当日完成整改。结合每月通报机制，梳理上级院通报问题、日常监控发现的问题等进行通报，增强监督的刚性。二是多种监管方式组合，提升监督质效。重点监控与专项监控相结合，重点关注案件办理结果通知类文书的制作、侦查监督案件相关文书生成和案卡填录等，侦查监督案件流程不规范问题由第一季度的21件下降至第二季度14件。每月针对一类案件开展专项监控，如针对判决案卡与文书匹配、行刑反向衔接流程集中开展审核，发现该类案件问题分别有33条、32条，均在院内发布工作提示提醒整改，促进该类案件办理质

效提升。三是创新监管思路，拓宽监管渠道。将流程监管与数据监管、质量监管相融合，拓宽监督的来源和渠道。比如，将数据监管发现 21 条异常数据和矛盾案卡项以及评查发现 15 条程序性问题纳入质量评查、业绩考核、检务督察工作，形成监管合力。

三、 强化涉案财物管理环节，提升集中处理协调性

一是修订完善制定机制及操作指引。针对涉案款项占比高的现状，制定涉案财物“定时定户定流程”管理制度和操作指引，印发全院认真学习。组织各办案部门、技术保障部门、财务部门开展培训，确保线上与线下操作流程相匹配。指定专人负责涉案财物管理工作，加强与各部门联系，遇到问题及时沟通解决，确保工作衔接顺畅、配合有效。二是管理监督常态化。通过预警提醒功能和台账管理，发现未及时入库、出库、超期处理等问题，及时提醒承办人整改。定期盘点涉案财物，准确掌握每笔款项的动态，避免出现管理混乱，确保线上线下一致。已提醒办案部门 38 次，涉及 78.26 万元涉案款。三是强化对外沟通联系。加强与公安、法院的沟通联系，进一步明确涉案财物交接时间、交接方式等，发现涉及财物执行不规范的及时移送案件承办人、刑事执行部门处置，确保各单位对涉案财物的有效监督。

四、 强化接待流程环节，提升律师阅卷满意度

积极推动律师互联网阅卷服务，让律师从“最多跑一次”到“一次都不用跑”，切实为律师执业提供便利。已处理互联网阅卷申请 33 件，成功推送电子卷宗 14 件。一是建立健全机制，提升互联网阅卷工作质效。研究制定《律师阅卷制度》和《互联网阅卷操作手册》，明确案管部门和办案部门工作范围，确定相关工作流程和工作要点。强化内部联动，采取“互联网 +”工作模式，每个部门

专人负责对接，建立“审核前置—跟踪卷宗—集中通过”三步工作法，有效提升互联网阅卷事前准备环节的工作质效，节省律师等待审核时间。二是程序性提醒日常化，提供高质量服务。严格按照《关于依法保障律师执业权利的十条意见》，针对不同案件类型、不同流程节点分批次、高频率进行每日梳理，对提请审查逮捕、退回公安机关、提起公诉等案件办理重要节点程序性事项统一当日电话提醒。已提醒律师 188 次，同比上升 74.1%，充分保障律师知情权。对符合互联网阅卷条件的案件，律师提交的申请当日即完成审核，对缺少材料或材料不规范的，及时主动告知律师补齐材料后再行提交，并电话二次联系律师，提醒及时下载卷宗，避免链接失效，确保律师能够成功阅卷。三是多措并举，充分保障律师执业权利。综合运用律师互联网阅卷、现场阅卷、异地阅卷等多种阅卷方式，对于不纳入互联网阅卷范围的案件，工作人员及时电话告知律师可至本院领取电子卷宗光盘。对于不方便到场的异地律师，及时询问其所在地区，做好与当地检察院的沟通与协作配合，解决燃眉之急。目前，已完成异地阅卷 92 件。同时，注意认真听取律师的意见建议，针对电子卷宗太大无法通过互联网推送的问题，探索使用分批推送方式，切实提升律师互联网阅卷的满意度。

检察文苑

JIANCHA WENYUAN

小角色　大担当　用心用情做好案管事

——记案件管理工作感悟

火晓莲*

目　次

2011年10月28日，最高人民检察院案件管理办公室正式成立，全国检察机关案件管理机制改革大幕就此拉开，案件管理工作迈入统一步调。荏苒十三年，弹指一挥间，案件管理工作从弱小到强大，从稚嫩到成熟，到如今已长成郁郁葱葱的大树，根植于检察工作现代化建设的“沃土”中。作为一名基层检察机关的案件管理工作人员，我感触颇深。

一、严而又严、实而又实，提升案件管理监督能力

大家以为的案管工作是案件受理流转、业务数据分析研判、案

* 火晓莲，甘肃省兰州新区人民检察院综合业务部主任。

件质量评查、流程监控……实际上，案件管理的主责主业概括起来就是监督管理和服务保障。真正干了案管工作才发现，自己好像是根“针”，哪里需要补哪里。每天上班第一件事就是登录系统查看整理业务部门出现的问题，及时提醒修改，但是“小问题”仍然反复出现，导致基层案管部门经常处于纠正同一个问题的困境里，容易将自身淹没在纯粹的事务性工作中，案管工作难道就是每天跟在检察官后面修修补补吗？案管工作，应始终把监督管理作为立身之本，寓监督于管理，立足工作实践，找准“小切口”，实现“大管理”。

“为什么我的案子又被监控了？”“我已经填了案卡，怎么还发流程监控？”“凭什么给我发流程监控，你都没办过案子，怎么知道我的文书不对？”面对这样的质疑、反对，我们既委屈又郁闷。委屈的是每天大量的审核监督工作不被理解，郁闷的是办案人员忽视数据质量，提醒督促“过目即忘”。为了引导办案人员转变观念，重视数据质量，又要保证提醒督促持之有效，我们充分将流程监控、质量评查和法律文书评比等业务相融合，定期召开案管部门和业务部门的业务研商会，对发现的文书遗漏、文书制作不规范、文书与节点不匹配等问题进行会诊研判，形成监督精准、被监控对象认可度高的专项监控整改建议，以良性互动实现流程管理由“诊病式”向“治病式”的转变。

检察业务数据是直接体现案件质量的一个重要方面，但部分办案人员仍未树立起“填录数据就是办案”的意识，数据填录仍然存在“假、错、漏、迟”的突出问题，当我们提出问题后，被办案部门认为多此一举、吹毛求疵、改了就行。事实上，监督不是你错我对的博弈，监督的目标不是发现问题而是纠正问题。针对业务数据“屡纠不改”“常说常错”的现象，我们应转变策略，实行“软硬兼施”。检查与提醒相结合，综合运用“口头提醒、风险提示、书面流程监控通知书”三种方式使数据核查得更加准确、及时，使被监督的检察官乐于接受、配合和支持监督工作。督促检查与业务考核相结合，明确办案检察官填录案卡的主体责任，将数据填录质量与业绩考核奖惩挂钩，动真格、求实效，提高办案人的重视程度，从根本上保障业务数据的质量。“这个案卡，你们上次就通报过，我现在格外关注，不会再错啦!”“你们案管就像管家婆一样，事无巨细提醒，我是又爱又怕啊!”听到这样的反馈，我们总算没有白费心力!

二、 高效管理、优质服务，助推检察工作全面发展

案管部门作为检察机关的重要内设机构，其服务职能的发挥直接关系到检察工作的质量和效果。作为基层案管部门，我们认为管理的本质就是服务，高效的管理必须依托于优质的服务，通过案管部门聚焦中心、服务大局助推检察工作高质量发展。因此，如何优化和提升案管部门的服务保障职能，是基层案管部门必须破解的难题。

“这个月为什么分给我的案件比其他检察官多?”“这么复杂的案件怎么分给我了，为什么别人分到的是危险驾驶案?”，基层案管部门经常也会受到检察官的“质疑”。作为检察机关案件的“出入口”，受理流转可不是想象得那么简单，其中的辛酸只有我们自己知道。基层检察院普遍存在案多人少、员额检察官不足等问题，虽然采取轮流分案的原则，但实际工作中存在检察官培训、借调等情况，每位检察官不可能每年办理同样数量、同样难度的难题，因此在流转过程中，办案人对于多分案件或者分到疑难复杂案件时多多少少有一点抵制情绪。

检察听证和人民监督员制度在司法体系中具有不可替代的作用，是基层检察院践行全过程人民民主、促进诉源治理、提升办案

质效的一次创新探索。基层案管部门开展这项工作以来发现，部分办案人对于开展检察听证工作存在畏难情绪，同时还受到基层检察院案多人少、办案压力大等影响，认为开展检察听证只会增加工作负担。而且听证员难找，有的单位、当事人等还不愿意配合等问题，导致办案人在办案过程中不敢开展、不愿开展、很难开展检察听证工作。在听证工作的前期准备上仍旧存在诸多问题，例如，部分公开听证没有向社会发布公告；办案人未提前与听证员沟通，听证员到听证现场才开始了解案情，导致听证员对有些疑难复杂案件了解不深不透，对案件事实、证据的认定和案件处理不能准确发表意见建议，没有完全行使其职责，从而影响听证效果。这对于有强迫症的基层案管部门来说，可太不能“忍”了，必须告诉办案人要规范听证，指出听证过程中存在的问题，一来二去还容易发生摩擦。

打铁还需自身硬。基层案管部门业务精，才能让大家心服口服，规范做好各项工作。首先，充分发挥业务数据分析研判“会诊”作用，提升管理服务办案质效的水平。在加强数据填录，确保数据准确的基础上，每季度形成数据分析研判报告，重点分析研判落后的业务数据及原因，提出解决问题的对策，为领导决策和业务指导方面提供有价值的参考。其次，发挥评价机制“统考”作用，推动办案质效提升。根据案件质量评价指标和检察官业绩考评指标，引领高质效办好每一个案件。最后，充分发挥人民监督员“外部监督”作用，倒逼规范办案、提升质效。加强与本院业务部门的联系，邀请人民监督员参与案件，努力实现人民监督员对检察机关办案监督的全覆盖。

改变工作态度。工作中，我们都有过焦虑、烦躁的时候。面对大家的吐槽、不理解，觉得十分委屈，自己的尽心尽力在同事眼里居然变成了“挑刺”。时间久了，我发现其实大家都有自己的难处。

工作难开展，主要还是因为缺乏有效的沟通。先从自己转变工作态度开始，学会主动跟检察官、当事人、律师沟通协调，及时了解各方需求，协调解决工作中遇到的问题。通过建立良好的沟通机制，确保案管服务工作的顺利开展，减少因沟通不畅而产生的矛盾和纠纷。现在，有的办案人员在填录案卡之后会主动联系我们。虽然挑战重重，但我们已经看到曙光，事情正朝着好的方向发展。

双赢多赢共赢。主动自觉开展管理和服务工作，把管理服务作为监督履职的过程和基本手段，在管理服务过程中树立监督意识，促进规范司法，提升办案质量，由我们唱“独角戏”转变为案管部门主导，办案部门和人员配合协作。一方面，热情细致地做好各项服务工作，面对办案人、当事人、律师时讲究工作方法，找准工作切入点和着力点。另一方面，应不断优化服务流程，减少不必要的环节和手续，提高服务效果。通过简化服务流程，可以降低工作人员的工作压力，提高工作质效，从而更好地履行职责。

三、 正向激励、合理运用，引导办案活动科学规范运转

一石激起千层浪。2020 年 4 月，最高人民检察院建立了案件质量评价指标体系，对检察工作高质量发展起到了很好的推动作用。但是在评价指标建立之初还是出现了不同的声音，由于是“开荒者”的工作，案件质量评价指标体系存在疏漏在所难免，个别指标设置不科学，尤其在指标应用过程中容易产生理解上的歧义，运用指标“走样”。

“指标都采用了‘比率’的表述，这是否就意味着不需要考量案件量?”“指标数量刑事检察比重较大，是否有‘重刑轻民’的嫌疑?”“设置指标‘捕后判轻刑、缓刑率’‘驻监所检察工作重大失察率’是否科学有必要?”“‘自行补充侦查率’‘促成当事人双方和解率’‘社会调查适用率’是否可以在一定程度上‘扩大’填

录?”“既然建立了指标体系，一切工作都应围着指标干，指标外的工作是否就可以‘应付’?”等等。

针对各部门在评价指标方面存在的种种疑虑，我们必须站在专业的角度给予正面回应，要让院领导、办案检察官、检察官助理充分理解、领会评价指标的重要意义。评价指标的作用在于引领、推动和激励，目的是引导检察机关正确履行职责，保障和促进检察办案从实体上、程序上、效果上实现公平正义。将指标的宏观管理与评查的微观管理结合起来，对办案质量进行综合、全面的评价。为了让大家进一步了解、认可评价指标，我们组织开展案件质量评价体系培训解读，让大家了解质量评价指标是动态调整的，指标运用过程就是一个不断检验、校正的过程。告诉大家，对于评价指标可以提出合理的意见与建议，最高检会结合各地使用中的新情况、新问题对指标及时修订、完善，使评价指标的正向作用最大化。引导干警科学理性地运用案件质量评价指标，严格依法办好每一个案件，绝不能为了排名“好看”而弄虚作假，在数据中“掺假”。同时，案管部门也要加大数据核查力度，对异常数据、疑似造假的源头数据要逐一核查核实，发现“有水分”的数据，要及时督促整改，严重的要反馈至检务督察部门严肃追责。

与基层案件管理工作相伴的日子，是那么充实又弥足珍贵。于我来言，它不仅是一个专业知识和技能提升的过程，也是一个情感满足和个人成长的旅程。虽然在旅途中和各部门“小摩擦”不断，但通过我们的团结协作、认真负责的工作态度，服务理念的不断转变、不厌其烦的深度沟通、真诚无保留的付出，最终案件管理工作质效得到全面提升，同时我从工作中也获得了深深的满足感和快乐，这就是我最大的收获!

案管风采

ANGUAN FENGCAI

第三届全国检察机关案件管理业务竞赛掠影

［**编者按**］群英聚首，论剑邕城。由最高人民检察院案件管理办公室组织的第三届全国检察机关案件管理业务竞赛于2024年5月27日至31日在广西壮族自治区南宁市举行。经过激烈比拼，50名参赛选手突出重围，分别获得“全国检察机关案件管理业务标兵”称号和“全国检察机关案件管理业务能手”称号。

图1　5月27日，参赛选手到达赛场报到。

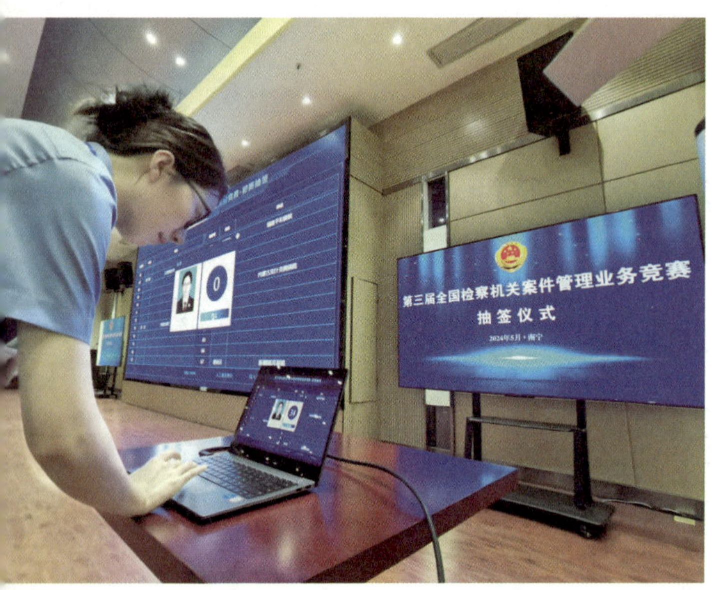

图 2　参赛选手进行座次抽签。

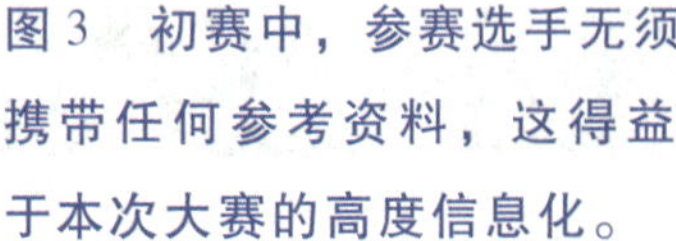
图 3　初赛中，参赛选手无须携带任何参考资料，这得益于本次大赛的高度信息化。

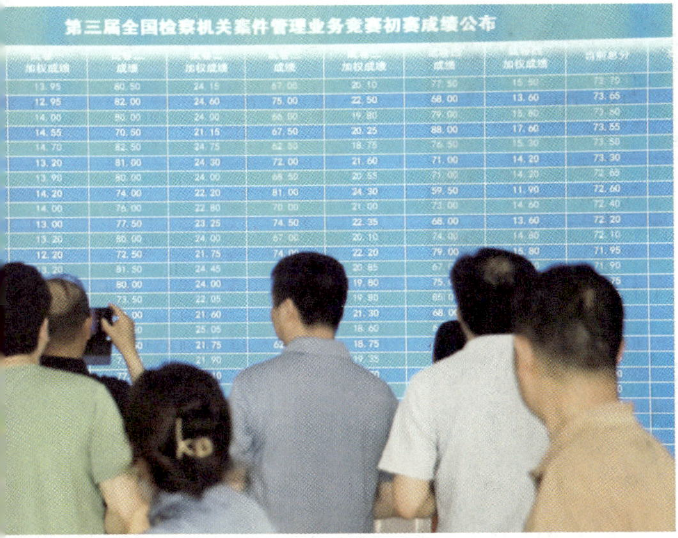

图4　5月29日下午1时30分，第三届全国检察机关案件管理业务竞赛初赛成绩公布，得分前50名的选手将进入决赛。

图5　5月30日，第三届全国检察机关案件管理业务竞赛迎来决赛环节。

图 6　决赛中，评委通过平板电脑为选手进行现场打分。

图 7　决赛中，电子屏幕会实时显示已完成竞赛选手的各项分数与排名情况。

图 8　5 月 31 日，第三届全国检察机关案件管理业务竞赛圆满落幕。

第三届全国检察机关案件管理业务竞赛标兵

◀北京市昌平区人民检察院
张海霞

北京市丰台区人民检察院▶
程晓溪

◀辽宁省沈阳市铁西区人民检察院
姜丽娜

安徽省芜湖市人民检察院▶
季阳

◀山东省菏泽市曹县人民检察
叶涵庆

北京市人民检察院第三分院▶
张晓晴

◀上海市人民检察院
顾庆琪

省常州市天宁区人民检察院▶
秦梓涵

◀安徽省阜阳市颍上县人民检

李艳群

四川省成都市人民检察院▶

许敏

第三届全国检察机关
案件管理业务竞赛结果

第三届全国检察机关案件管理业务标兵名单
（10 名，按竞赛成绩排序）

张海霞　　北京市昌平区人民检察院检察官
程晓溪　　北京市丰台区人民检察院检察官
姜丽娜　　辽宁省沈阳市铁西区人民检察院检察官助理
季　阳　　安徽省芜湖市人民检察院检察官助理
叶涵庆　　山东省菏泽市曹县人民检察院检察官
张晓晴　　北京市人民检察第三分院检察官助理
顾庆琪　　上海市人民检察院检察官助理
秦梓涵　　江苏省常州市天宁区人民检察院检察官
李艳群　　安徽省阜阳市颍上县人民检察院检察官
许　敏　　四川省成都市人民检察院检察官

第三届全国检察机关案件管理业务能手名单

（40 名，按竞赛成绩排序）

吕春苗　　浙江省人民检察院检察官助理
郑舒天　　吉林省长春市新区人民检察院检察官助理
郭文欣　　山西省人民检察院检察官助理
胡乙小　　重庆市万州区人民检察院检察官
姜　颖　　山东省济南市章丘区人民检察院检察官助理
上官李刚　重庆市武隆区人民检察院检察官助理
祝宏熙　　天津市和平区人民检察院检察官助理
杨奥迪　　内蒙古自治区克什克腾旗人民检察院检察官
江　莹　　江西省上饶市鄱阳县人民检察院检察官
王美茜　　黑龙江省诺敏河人民检察院检察官助理
萨日娜　　上海市黄浦区人民检察院检察官助理
石珊珊　　贵州省清镇市人民检察院检察官
刘禹承　　云南省人民检察院检察官助理
陶大艳　　四川省自贡市自流井区人民检察院检察官助理
李　敏　　四川省德阳市人民检察院检察官助理
丁　宁　　辽宁省沈阳市沈河区人民检察院检察官
宋金铭　　黑龙江省绥化市兰西县人民检察院检察官
吴文静　　湖北省石首市人民检察院检察官助理
公维宇　　天津市东丽区人民检察院检察官助理
胥佳蘋　　上海市嘉定区人民检察院检察官助理
徐佳春　　浙江省杭州市萧山区人民检察院检察官助理

李善慧　　河北省保定市莲池区人民检察院检察官助理
廖雪竹　　广西壮族自治区南宁市人民检察院检察官助理
张　畅　　河南省洛阳市洛龙区人民检察院检察官
武　苗　　新疆维吾尔自治区和田地区墨玉县人民检察院检察官助理
李晶晶　　陕西省西安市莲湖区人民检察院检察官助理
金　环　　湖北省武汉市汉阳区人民检察院检察官
张宏麟　　福建省南平市建阳区人民检察院检察官
何　蔚　　广东省广州市番禺区人民检察院检察官
黄田万　　广西壮族自治区南宁市青秀区人民检察院检察官
解　潇　　云南省玉溪市通海县人民检察院检察官助理
邵子媛　　江苏省南京市雨花台区人民检察院检察官
赵卫峰　　解放军总直属军事检察院检察官
胡　静　　江西省南昌市红谷滩区人民检察院检察官
贺　君　　广西壮族自治区南宁市良庆区人民检察院检察官
李　根　　河南省信阳市浉河区人民检察院检察官
施　超　　云南省红河哈尼族彝族自治州石屏县人民检察院检察官助理
张定一　　河南省新密市人民检察院检察官助理
袁玉奇　　浙江省诸暨市人民检察院检察官助理
白文刚　　山西省长治市人民检察院检察官助理

第三届全国检察机关
案件管理业务竞赛优秀组织奖名单
（5 名，按行政区划排序）

北京市人民检察院
上海市人民检察院
浙江省人民检察院
山东省人民检察院
广西壮族自治区人民检察院

《检察业务管理指导与参考》征稿启事

《检察业务管理指导与参考》是由最高人民检察院案件管理办公室和中国检察出版社联合创办的指导性连续出版物，以“加强工作指导、促进理论研究、解决实际问题”为宗旨，坚持理论联系实际的原则，贯彻实用性、指导性和权威性的编写特色，为全国业务管理理论研究者和实务工作者提供交流平台，欢迎广大检察人员、高等院校和研究机构的专家学者以及各界人士投稿。

一、 征稿内容和主要栏目

稿件内容为业务管理理论与实务问题研究，主要包括业务管理基础理论、检察改革背景下业务管理的职能定位，案件综合管理、流程管理、质量管理、统计信息管理、业务信息化管理等职能履行方面的理论与实务研究，检察业务应用系统的应用和完善情况、案件信息公开工作的经验及建议等。主要包括以下栏目，具体情况可以结合实际适时调整。

（一）政策指导类栏目

高层声音：中央、最高人民检察院领导关于业务管理工作的重要讲话，最高人民检察院召开的有关业务管理工作会议精神。

领导论坛：最高人民检察院案件管理办公室领导、各省级院领导有关业务管理工作的讲话、调研报告、理论文章等。

理论前沿：司法体制改革背景下，政法部门业务管理总体职能定位、主要任务、发展趋势等方面的研究成果。

政策解读：专家学者或各级院案件管理部门负责人对涉及业务管理工作的法律法规、规章制度进行的深度解读。

（二）业务研讨类栏目

业务研究：对案件综合管理、流程管理、质量管理、统计信息管理、业务信息化管理、人民监督员履职管理等各项职能进行深层次研究。

经验交流：各级检察机关案件管理部门结合实际，创新开展工作的经验做法。

典型案例：在案件受理审查、流程监控、质量评查、业务考评、业务分析研判、人民监督员履职等具体工作中形成的具有典型意义的案例或事例（附工作文书）。

（三）专题类栏目

规章制度：最高人民检察院和省级院制定下发的有关业务管理工作的规定、决定、意见、通知等规范性文件。

专项解答：针对各地业务管理工作中出现的常见问题、突出问题的专项汇总解答。

分析研判：各地围绕检察工作重点，发挥业务管理职能作用，深入开展的业务分析研判。

（四）其他栏目

案管风采：部分先进案件管理部门或者优秀案件管理人员的典型事迹材料。

检察文苑：与检察业务管理工作相关、可读性较强的纪实报告、小说、散文、诗歌、随笔等文学作品。

二、 投稿要求

1. 原创性。本书主要刊发原创的理论和实务文章。稿件如已在其他刊物发表过，投稿时请务必注明刊发的时间和刊物名称。

2. 时效性。要围绕正在开展的业务管理重点工作和亟须解决的问题组织稿件，对业务管理工作具有一定的指导和借鉴意义。

3. 内容适宜公开发表。本书向社会公开发行，请针对文章中的数据、事例等材料认真进行保密审查，防止出现不宜公开或泄密的事件。

4. 数据引用要准确。文章引用的数据要列明来源和出处，确保真实准确。

5. 署名和引注要规范。鼓励作者独立署名，也可刊发合作署名文章，但对 4 人（含 4 人）以上的署名文章一般不刊发或者作集体署名处理；文章的引注请严格依照“注释体例”的要求。

6. 作者信息要完整。应在稿件电子版内（文章结尾处，无须另附文档）直接注明作者详细联系方式，包括通信地址、邮政编码、联系电话、电子信箱等，并附作者简介。

7. 稿件形式要合规。理论研讨文章一般应当在 3000 字以上，稿件电子版（word 或 wps 格式）应以“附件”方式发送至投稿电子信箱。

三、 注释体例

注释采用脚注方式，每页不连续编号，以阿拉伯数字加圆圈标志。

（一） 著作类引文注释

作者：书名，卷次，译者，出版社，出版年份，页码。

例如：

①张文显主编：《法理学》，法律出版社 2004 年版，第 38 页。

②史尚宽：《民法总论》，中国政法大学出版社 2000 年版，第 23 页。

③［德］黑格尔：《法哲学原理》，范扬、张企寿译，商务印书馆 1961 年版，第 91 页。

④H. L. A. Hart, *The Concept of Law*, Oxford University Press, 1961, p. 6 –7.

（二）文章引文注释

作者：文章名，本书作者，所载书刊名，卷次，出版社，出版年份，页码。

例如：

①俞荣根、刘霜：《立法助理制度述论》，载《法学杂志》2007 年第 2 期。

②周光权：《违法性意识与犯罪故意的关系》，载陈忠林主编：《全国中青年刑法学者专题研讨会文集·违法性认识》，北京大学出版社 2006 年版，第 28 页。

③李希慧等：《“轻轻重重”应成为一项长期的刑事政策》，载《检察日报》2005 年 5 月 26 日第 3 版。

④Julius Stone, “Roscoe Pound and Sociological Jurisprudence”, in 78 *Harvard Law Review*（1965）, p. 1578.

（三）数字和书名号的用法

1. 除引用原文外，文章中出现的数字（不含序数）均使用阿拉伯数字。

例如：

《中华人民共和国刑事诉讼法》第159条明确规定："对犯罪嫌疑人可能判处十年有期徒刑以上刑罚，依照本法第一百五十八条规定延长期限届满，仍不能侦查终结的，经省、自治区、直辖市人民检察院批准或者决定，可以再延长二个月。"这说明可能判处10年以上有期徒刑的犯罪嫌疑人被羁押的时间最长可达7个月。

2. 法律法规除全称需要书名号外，简称均不加书名号（加括号规定简称的除外）。

例如：

我国刑法中对被害人承诺没有明文规定，应当在立法中予以明确。

《最高人民法院案件审限管理规定》（以下简称《审限管理规定》）中明确规定："审判人员故意拖延办案，或者因过失延误办案，造成严重后果的，依照《人民法院审判纪律处分办法（试行）》第五十九条的规定予以处分。"

四、 投稿联系方式

1. 投稿邮箱。邮件请注明"《检察业务管理指导与参考》投稿"及主题，检察内网发至 agb_ zdyck@ gj. pro，外网发至 agbzdyck @ 163. com。

2. 本刊编辑部地址。北京市东城区北河沿大街147号最高人民检察院案件管理办公室，邮编：100726。

3. 编辑部电话：010 -65200308。